乱世の政治論
愚管抄を読む

長崎浩
NAGASAKI HIROSHI

HEIBONSHA

乱世の政治論　愚管抄を読む●目次

はじめに

かつて、乱世に一人の知識人がいた。

慈円である。乱世とは、戦乱と天災・飢饉・疫病・大火・群盗、怨霊と新宗教運動などなどの一世紀、数え上げればきりもない。そして世の中が大きく変わる。慈円の『愚管抄』はこの時代を記述した歴史書であり、また時代を見据えて歴史の道理（法則性）を明らかにしようとした歴史理論の書である。一般にそう認められているが、それは違う。『愚管抄』は終始、慈円のリアルタイムの政治論であって、世の大転換にコミットしながら自らの政治理念を貫徹させようとし、同時にそれが挫折していく有様を記録している。理念とその敗北がそっくり慈円の政治思想となる。

摂関九条兼実《かねざね》の弟にして天台座主《てんだいざす》、『新古今和歌集』の歌人として名高い慈円は保元《ほうげん》の乱（一一五六年）の前年に生まれた。この乱から「悪世末代」の一世紀が始まる。「鳥羽《とば》院失《う》せさせ給ひて後、日本国の乱逆《らんげき》といふことは起こりてのち武者《むさ》の世になりにけるなり」。

武者の世は貴族社会の政治を瓦解させる「巨害」として到来したが、しかしこれは一体どういう政治の事態なのか。こういう思考の衝迫が『愚管抄』を綴らせた。慈円の眼前に音立てて展開したのは、自身がその一員である政治社会の崩壊であった。保元平治《へいじ》の乱は源平の合戦と鎌倉幕府の独立へとつながる。

慈円は生涯の最後になっても、自らの政治理念を現実につなげようとはかない拠りどころを求めた。摂関家の血筋の頼経《よりつね》が将軍候補として鎌倉に送られ、まだ二歳にすぎないこの「文武兼行の将軍」に失われた政治の回復を託したのである。それなのに後鳥羽《ごとば》上皇は討幕挙兵へと暴発する。この暴挙を思い止まらせようとして、『愚管抄』は書かれている。承久《じょうきゅう》の乱（一二二一年）前夜のことである。だが、朝廷は鎌倉武士に武力鎮圧された。慈円は当時六十七歳、そして乱の四年後の嘉禄元年（一二二五）に没した。

後鳥羽上皇にたいする慈円の諫奏《かんそう》を聞くことから、本書を始めたい（第一章）。これは切羽詰《せっぱつ》まった時局論であるとともに、政治を判断する慈円の理念（倫理的理想）の現実適用であった。慈円は神武以来の日本国の歴史をたどりながらこの理念を検証してきたのであり、その総決算が後鳥羽院への訴えに籠められている。

では、その慈円の政治理念とは何であったろうか。天皇の皇祖神（天照大神）と藤原氏の氏神（天児屋根命《あめのこやねのみこと》）とが、両家合体して日本国の政治を行うことを約束された。むろん神代のことだが、この約諾は目に見えない冥界の道理として今に貫徹している。この世(顕界)の政治は良くも悪しくも冥の道理の感応として推移する。この「君臣魚水合体《がってい》」の政治が慈円の理念である。『愚管抄』は慈円の政治理念を歴史につき合わせて検証しようとしている。そして、摂関政治の黄金時代、道長の政治までは、大変めでたくこの道理が道理たりえたと慈円は確認するのである。第二章では理念とその検証のロジックをたどることにする。

続く第三章は、慈円が「日本国の乱逆《らんげき》」と呼ぶ保元と平治の乱である。乱の経緯と原因を考察することが『愚管抄』第一の眼目だと慈円は述べている。そのため、臨場感のあるドキュメントを含めて乱の経過が詳細に記述され、『愚管抄』でも特異な部分をなしている。乱に関する貴重な史料を後世に残したと同時に、『愚管抄』は歴史書だという見方の根拠にもなっているところである。この第三章では慈円の記述を追うとともに、記述の詳しさと対照的に慈円の理念的コメントが姿を消していくことを指摘する。道長・頼通の摂関時代が過去のものとなり、乱の到来とともに慈円の筆はその理念的拠りどころを失っていくのである。慈円は「末世の政治」「世の滅び」を連発するようになるが、自身の政治理念が現実政治に裏切られ続ける乱世である。

第四章は保元平治の乱の後、源平合戦と鎌倉幕府の成立まで、『愚管抄』を読んでいく。

政治が朝廷社会から武士へと奪われていく時勢なのに、慈円の筆はますます貴族社会の内輪もめに内向するようになる。なぜなら乱世とは、慈円の理念に挑戦する異形《いぎょう》の「外部」が立ち現れる時代だからだ。武者たちはいうまでもない。戦乱と天変地異、怨霊悪霊、さらに法然の宗教運動などが、貴族社会の外部から現れて慈円の理念を撃つようになる。そして、源平合戦を経て文字通り朝廷の外部に鎌倉幕府が自立した。理念を現実につき合わせて検証する慈円のロジックは内向きになり無理が目だつようになる。理念が藤原摂関家専権の合理化にすぎないものに見えてくる。しかし、武者の世を追認すべく理念に手を付ける慈円の姿勢に、かえって乱世の政治の姿が読めると思う。この時期、慈円の政治論は自らの一門への挽歌になる。

天皇と摂関との合体の政治を王法とすれば、慈円はこれと仏法との相依《そうい》の関係をもう一つの政治理念のごとくに掲げている。王法と仏法は牛の二本の角のごとき関係だという。いかにも天台座主の理念に思えるのだが、しかし『愚管抄』では仏法とは権門寺社の政治にすぎない。王法を仏教的に理念化することに少しの関心もない。結果として王法仏法相即といっても、権門政治家の相互依存、つまるところこれも貴族社会の政治体制なのである。仏法自体は慈円の政治理念たりえない。そして、この体制そのものの外部に、乱逆と新たな仏法運動が迫ってくる。以上が第五章の関心である。

それでは、藤原氏専横の道理以外に『愚管抄』に政治はあるのか。第六章ではそう問うてみる。『愚管抄』で多用される「世の中」という言葉は「政治」と読み替えることができ、この意味での政治（朝廷社会の政治）は『愚管抄』にそれこそ充満している。スタイルがそもそも宗教家のものでも道学者のものでもなく、政治の文体なのである。しかし、慈円の政治論の規範が摂関家の利害にすぎないとしても、当時他に慈円の従うべき政治規範がありえたろうか。聖徳太子十七条憲法と律令制による「人倫的国家の理想」こそが、まさに日本国の政治規範として受け継がれてきた。それなのに、藤原氏も慈円も階級的利害にかまけてこの理念を忘れ去った。これが和辻哲郎の批判であった。しかし、世の末の政治に慈円の理念が裏切られ続けていくこと、その都度《つど》の慈円のロジックの苦労と徒労と、そこに逆説的にも政治的なものが現れ出ている。乱世という例外時に立ち現れる政治である。ちょうど芸術における藤原定家の達成（『新古今和歌集』）と同じ位相で、貴族社会の滅びゆく兆候を背に受けて、慈円は無意識にも乱世の政治を体現していたのではあるまいか。『愚管抄』は敗北の政治思想である。

さて、最後にもう一度、後鳥羽上皇にたいする慈円の諫言の続きを聞きながら、本書を閉じることにしたい（終章）。

『愚管抄』のテキストは岡見正雄・赤松俊秀校注の日本古典文学大系86（岩波書店、一九六七年）を使用した。原文は漢字片仮名交じり文だが、引用に際しては片仮名を平仮名に改め、漢字は常用漢字とし適宜補った。また、慈円の文章は錯綜していて読みにくく、引用は多く私訳によった。引用に付した数字はテキストの頁番号である。私訳は誤りのないよう、大隅和雄の現代語訳（講談社学術文庫、二〇一二年）を参照してチェックした。

第一章

上皇をお諫め申す——承久の乱前夜

1　君の不心得は由々しき大事

『愚管抄』はそのお終《しま》いまでたどれば、これが時の上皇後鳥羽院にたいする諫奏の書であることが明らかになる。そもそも慈円が『愚管抄』の筆を擱《お》いたのが承久の乱（承久三年＝一二二一）の前年のことだった。朝廷と鎌倉幕府の軋轢《あつれき》と、討幕挙兵に突き進む後鳥羽周辺の動きはすでに目に見えていた。これまでの北面の武士に加えて西面を新設するなど、院は直属武力の充実を図っている。そして、承久元年に至り三代将軍実朝《さねとも》が暗殺されて後、朝廷を巻き込んで後継将軍問題がにわかに浮上していた。幕府は後鳥羽の皇子を要請したが、上皇は日本国を二分する結果になるとしてこれを拒否。両者の折衝が続けられた末、九条摂関家から道家《みちいえ》（慈円の兄兼実の孫）の二歳の子、頼経《よりつね》を鎌倉に送る形で妥協がなった。この協議には後鳥羽の愛妾の所領における地頭の罷免問題が絡んでいた。当時、慈円は後鳥羽上皇の護持僧《ごじそう》であり、また『新古今和歌集』を編纂する歌所《うたどころ》の寄人《よりうど》でもあった。始終お側《そば》にあったこの側近が、討幕への動きを察知しないはずはない。

こうして、慈円は後鳥羽院の暴発を防ぐべく、院への直言の形で『愚管抄』を締めくくっている。この書物は神武天皇の時代から承久の現代に至るまで、日本国の歴史を追いながらそこに政治の道理の貫徹と挫折とを考察したものである。その考察のエッセンスをすべて投入する勢いで、慈円は後鳥羽上皇にたいする諫言を書き連ねた。まずは、その切々綿々たる調子を聞きとることから、本書を始めよう。初めに、「武者の世」の主役たる武士という存在にたいして、上皇のとるべき政治を次のような形で勧告している。

後鳥羽上皇は武士の主立ちを集め、道理を弁《わきま》えた近臣を通じて次のように仰せ聞かせていただきたい。すなわち、「まず武士のことだが、院は真摯にこう思っておられる。今は世も末世《まっせ》に当たり、武士というものは現在あるように用いられるのが当然である。されば、武士の在りように異論のあるべきはずがない。その上は、仮に院が武士というものを悪《あ》しと思《おぼ》し召《め》されるとしても、武士に勝る輩《ともがら》がどこからか出てくるはずもない。世の末なのだ。武士よりももっと悪い者たちが出てくるだけのこと。武士の輩を打ち滅ぼそうとする逆乱《げきらん》は、いかほどのことにもなりはしない。武士のことは冥なる天道の御沙汰のあることだし、この目に見える世界でも同様に、汝等武士を憎み疑う思し召しは院には少しもないことを知ってほしい」と。（341）

「この輩（武士）亡ぼさんずる逆乱はいかばかりのことにてかはあるべき」、「顕はに汝等を憎くも疑いも思し召すことはなきなり」。後鳥羽院に討幕挙兵（逆乱）の企てなどないと、慈円は院の言葉として武士たちの猜疑心を鎮めようとしている。むしろ逆に受け取るべきだ。朝廷は武士という存在と融和しなければならない。武士にたいする逆乱など不可だと、上皇に申し上げている。上皇が下すべき朝幕和合の院宣の下書きを提示しているような言い方である。

ではなぜ、ことここにいたってなお、慈円は「武士を悪しと思し召す」上皇を諫《いさ》めるのか。当時すでに平家は滅び、いままた将軍実朝が暗殺されて源家も絶えてしまいかねない情勢である。「一定ただこと（ただごと）にはあらぬなり」という情勢である。切迫したこの段階では、上皇をお諫めする論拠は一《いっ》にかかって、摂関家出身の鎌倉将軍にあった。そしてこの論拠はまた、ひるがえって日本国の政治に関する慈円の理念の、その帰結をなすものとされたのである。

後継将軍候補として鎌倉に送られた九条家の頼経はまだ二歳、これが征夷大将軍に任じられるのは慈円の死後、嘉禄二年（一二二六）のことである。『愚管抄』における慈円の政治の理念は最後に至って、この将軍候補にいわばすがりついた。何故なら、頼経という将軍こそはこの末世、武者の世における新たな天皇・摂関家による統治秩序を再興するものだからだ。頼経は遠縁とはいえ頼朝の血を継いでいる。摂籙《せつろく》（摂政の漢名）の家の出身だから貴族社会の象徴（文）であり、かつこれが武家の棟梁《とうりよう》となるから（武）、文武が頼経将軍の一身に体現する。文武兼行の摂籙将軍と慈円は呼ぶ。摂籙将軍こそ世も末の現在、君を後見する頼もしい臣になるはずである。そして、この将軍の実現は神々の計らいだというのが慈円の理念である。「現に、かかる将軍が摂関家から出て立てられたことは八幡《はちまん》大菩薩のお計らいである。文武兼行で威勢を保ち、世を護り君を護るべき摂籙の子孫をもうけて、世のため人のため君の御ためにこの将軍を八幡大菩薩が武士に献上されたこと、このことを君が心得ておられないこと、これこそが由々しき大事と申さねばならない。君の御ために、摂籙の臣と将軍とは同一の人物であるべしとの大菩薩の決定と御沙汰には、明白な根拠がある。摂籙の臣であるから謀反《むほん》の筋はなく、かつ武威を兼ね備えている。このような者をして、君の後見をさせようとの大菩薩の配慮である。このように心得ていただきたい」（344）。以上に登場する八幡大菩薩が朝廷の宗廟であり、かつ源氏の氏神《うじがみ》であるのはいうまでもない。

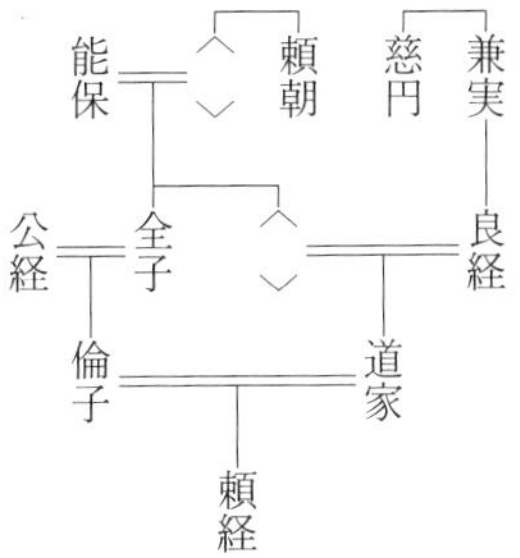

本書の後の主題となることだが、『愚管抄』における慈円

の政治理念は、血統の定まった国王と藤原摂関家の臣（摂籙の臣）とが「世のため人のため」に「魚水合体《がってい》」のごとくに国を治めることである。この政治は遠く神代に神々が約諾したことであり、政治の現実（顕《けん》すなわち目に見える世界）がどうであれ、それを基底から動かす目に見えない（冥《めい》の）原理だというのが『愚管抄』で慈円が貫徹させようとした理念である。だが、現代は末世、武者の世となった。これは日本国の王臣合体の統治理念を破壊する「巨害」というほかない。しかしながら、「顕には武士が世にてあるべしと、宗廟の神も定め思し召したることは、いまは道理にかないて必然なり」（304）というのが、慈円の幕府追認の論理である。だとすれば、いまその武者のトップが同時に摂籙の血筋となる摂関家将軍こそ、摂籙が文武兼行して君を後《うし》ろ見《み》することになるではないか。先の神々の約諾とは伊勢大神宮（天皇家）と春日社（藤原家）の祭神の約束のことだが、慈円はこれに新たに源氏の氏神（八幡大菩薩）を持ち出している。その上で、神代以来の政治の道理がこうして再興に向かうのだというのが、いささか苦しい慈円の理屈である。

だが、日本国の政治の君臣合体の理想をこそ、慈円はこれまで『愚管抄』を通じて説き聞かせてきたのである。上皇はどうしてこの道理に気づかれないのか。それこそがまさに由々しい大事だと慈円は諫言する。「かつて摂政基経《もとつね》が陽成《ようぜい》天皇を悪王だからという理由で廃位させたことがあったが、これなどは摂籙のめでたい働きにほかならない。この措置を逆に受け取って防止しようなどとお考えとすれば、君《きみ》こそ大神宮・八幡の御心に背くことになりましょう。構えて、この点に覚醒されるべきだ。君のためにこの藤原摂籙の人には、謀反を企む心などはこれっぽちもあろうはずもない。そのように定められている。しかもである。この摂関臣というものは、君が悪政を許し置かれるとすればこれを強く後見して、君が王道の筋を曲げぬようお護り申しあげる。だから、かつての陽成天皇の事例を悪く取られるなど、君の御ためによいことはまったくない。王道を行く君の本性は必ず現れ出るものだ。そうでありながらしかもよき摂籙を嫉んだりしたら、君の王道もかなうまいというべきだろう。すべて、大神宮・大菩薩の御心次第である。この道理が違《たが》うことは少しもない。きっぱりと定まっていることである」（344）。

2　こはいかにと驚き覚めさせ給へ

慈円が承久の乱暴発の無謀を諫めるのは、上皇のこの暴挙が慈円の政治理念の無効を決定的に暴《あば》いてしまうからだ。たんにリアルな政策判断ではなかった。慈円の政治理念にとって「文武兼行の摂関家将軍」は最後の拠りどころである。政治思想がこれに「しがみついている」と、先に述べたゆえんである。

それというのも、保元の乱以降政治はいよいよ悪世末代の様相を深めている。慈円の理念はますます影をひそめていくように見える。つまり「巨害」の到来である。後鳥羽院政の現代は慈円にとって理念の堕落のどん詰まりに見えた。後鳥羽にたいする諫言の文章には、「世も末」という言葉がとりわけて濫発されている。世の末、末の世、末代悪世、武士が世になり果てて、世の末ざま当時（現在）の世間、末世の道理、世の末ざまいよいよ悪しき者の身こそあらんずれ、などといった言葉である。仏法によれば当時はすでに「末《まっ》法《ぽう》」の世に入っているが、『愚管抄』では末法でなく圧倒的に「末世」「世も末」といわれる。ここで「世」とか「世の中」とは、後に見るように、『愚管抄』では政治と読み替えるべき言葉である。つまり、「世も末」とは末法でなく「末代の政治」、むしろ「政治の末代」を指している。「世も末ざまになるといよいよ悪人ばかりがはびこるようになる」（342）というように。

だが、どん底の後は上昇に転ずるほかはないし、それを望むべきだと慈円は続ける。「昔からの世の推移を見るに、道理が堕落衰退する一方の世が、その果てには反転して盛り返すものだ。今がまさにその時期に当っている。衰退は極まってこれ以上に衰退する仕様もない時代に来ている」（342）。関連して、慈円の歌一首をあげておこう。これは『愚管抄』脱稿のころ、定家と和歌十首を交換したときのものである（堀田善衛『定家明月記私抄　続』、ちくま学芸文庫、一九九六年、一三五頁）。

くだりはつる世の行く末はならひ也　のぼらばみねに月もすみなん

政治が堕落して果てるのは世の習い、この果てで、月が昇って峰を照らすように、政治も明るい上昇局面に向かうだろうという。そして、この反転の最後のチャンスが摂籙将軍に賭けられている。それを逆乱によって無に帰してしまうおつもりかと、慈円は院の「無思慮」を改めさせるべく訴えるのである。

世の初めから終わりへの推移はいつかは反転する道理、だから末の世になればまた昔に返るという道理は、宗廟・社稷《しゃしょく》の神も御照覧し給うところである。それをしも御存じにならぬ君の御処置は、無思慮と承るほかはない。物の道理もわが国の成り行くさまも、かように得心してこそ確かに落ち着くのである。（345）

こうして、上皇にたいする慈円の諫言は政治の堕落そのものに向けられていく。「君《きみ》」

への直接の訴えという文体で、順不同の繰《く》り言《ごと》のように書き連ねられる。まずは、院の独裁体制に群がる新興の近臣への嫌悪がある。「よく治まった世には官職が人物を求めるが、乱世には逆に人が官を求める。故後白河《ごしらかわ》院のころまでは公卿《くぎょう》は十人内外だったが、それが今や大納言十人、三位《さんみ》は五、六十人もいる。靫負尉《ゆげいのじょう》や検非違使《けびいし》には定員がなく、一度の除目《じもく》で靫負尉や兵衛尉《ひょうえのじょう》の任官は四十人を下らない。総勢千人にもなるのではないか。人は官職を求めて、贈賄収賄を恣《ほしいまま》にする。院の男女近臣になりたければあれこれためらってはいられない。事態のここまでの悪化は、到底思い及ぶところではない。末代悪世というが、武士の世になり果ててまさに末法に入っている。だから君もほんのただ少しばかりでも、（聖徳太子十七条憲法の）政治の倫理を自覚されて、これはどうしたことかと驚きお目を覚ましていただきたい。そうむやみにこの世を邪魔悪霊の手にゆだねてなるものかと思し召しあれ。近臣男女にしてもいささかでもこの事態に目覚めるべきだと念じている次第だ」（340）。

院政期の専制政治を中級貴族その他の「近臣男女」が支えたことはよく知られている。彼らは受領《ずりょう》として領地から収奪した富を院のもとにかき集めてきたし、その功あって利を貪る。慈円の政治理念からすれば、彼らこそ天皇と摂籙藤原氏の間に押し入ってきて、あるべき政治秩序を破壊しているのだ。もちろん、慈円の近臣批判には摂関家貴族の諸大夫《しょだいぶ》身分への蔑視の響きが出る。「なお、朝廷の政治を仄聞《そくぶん》するに、なるほど表面は摂籙の臣を用いているそうだが、上皇の本心ではこれを奇怪な存在に思し召して疎《うと》んじている。近臣は近臣で摂籙を誹謗すれば君が喜ぶと知って悪口を言う。これでは世の政治を滅ぼしてしまう。幾度申しても申し足りないほどの僻事《ひがごと》（道理に反すること）だ」（345）。

3　この僻事あるまじき也

実際の対策として、慈円は官吏の人材と任用問題にも君の注意を促している。「さて、以上のような無道が積もり積もって大乱となり、我も人も滅び果てるほかはあるまい。飢饉、疫病、そして刀杖《とうじょう》の三大災厄はまだ間近ということはないし、さすがに仏法修法《しゅほう》は死に絶えてはいない。宗廟社稷の神々もきらきらと（光り輝いて）ましますというべきだろう。ただいささかなりとも正意（道理）を引き出して、無間地獄《むげん》に落ちるがごとき無道の世を少しでも正すべきである。何といっても、この任務をわきまえた者は僧俗二、三人ないし四、五人くらいはいるだろうから、召し出して天下に仕えさせていただきたい。この際、一切智《いっさいち》を具現したまことの賢人・聖人をと期待しても始まらない。国王をはじめとしてそれぞれ分《ぶん》に応じて主立った者たちにつき、すこしでも人の良し悪しを見分けた上で召し遣う御心掛けが、とりうる手立ての最後の要諦である。それなのにまるでわざとのように、何事にも、さながら烏を鵜として使うような見当外れの任用をするならば、明らかに世は滅びて行くと案ずる次第だ」(341)。

だがそれにしても、上から下まで人物がいないと慈円は『愚管抄』の最後まで嘆いている(352-356)。摂関家でも今の世になって摂関になった人は五、六人も並び出ている。そのうち、慈円の兄兼実の優秀なお子たちはみな早死にしてしまって今は左大臣(道家)ただ一人残るのみ。これに反して慈円の兄たち二人(基実《もとざね》、基房《もとふさ》)の子息などは、器量の人物は一人もいない。人の形をしているだけだから、選ぼうにも選び難い(ヒトカタニテマヨフバカリニヤ)。諸大夫の家にもまったく人はいない。僧の方を見ても、延暦寺にも青蓮《しょうれん》院《いん》座主行玄《ぎょうげん》以後六十年、昔日の面影はいささかもない。比叡山には慈円大僧正が残っているだろうか。この人材の乏しさは一体何としたことか。それなのに、政治でも仏法の社会でも官を求めて人ばかりが多い。まことに、人がいないということは、いかにも大変な人の多さというべきかもしれない。

こうしたなかで、上皇にたいする慈円の訴えはまた摂関家将軍のことに帰っていく。

世の末には、悪人輩がみな同心合力して世の政治を私物化している。良き人たちは同じく語らって同心すべきなのだが、そもそも良き人がいればこそだ。何と悲しむべきことかと思いながら、ただいささかなりと仏神の御沙汰を祈るばかりだ。用いれば虎の能力を発揮する者はなおいるであろうに、かかる者は世に出ないよう用心しているのだろう。このように世の滅びゆくさまは、君も近臣も偽り（嘘《そら》ごと）の政治を行っていることの証左である。朝議に嘘ごとなどはいささかもあってはならない。嘘ごとの政治をされては良き人たちの登場する余地はない。嘘ごとの政治を続けて世の末ともなれば、かえって民の出で正直な将軍が出現して世を正さずには是正のすべもない。（343）

武士もまた武士である。「武士たちは統率する将軍（頼朝から実朝まで）を失って怖いもの も知らず、地頭地頭とまかり通って、日本国の租税年貢の徴収権を簒奪してしまっている。後鳥羽院の政治にしても、地頭がその得分《とくぶん》をもって脇腹をくすぐれば、近臣はにんまりとこれに応えないことはない。当今は、武士なれば、気に入らないことでも俺が俺がと睨みをきかせさえすれば、手向かいする者はいない」（340）。「地頭の横暴はことに重大である。君は冷静沈着によくよく武士と申し合わせてお計らいになるべきことだ。武士は地頭停止《ちょうじ》の御沙汰《ごさた》に抵抗せんと、迎え火を構えて朝家を脅かすことがあってはならない。脅かされたとて、朝家が怖じ恐れるべきことでもない。今は、武士の輩の大方《おおかた》が正道を知ることができる世になったのである」（342）。

そこで、院に切に言上したい。「今から二十年間は、武士は隠忍《いんにん》して僻事を決して行ってはならない。そうであれば、武士以外の僻事も止めるのが容易になる」。武士にはこのように宣旨《せんじ》をお書きになってほしい。神社・仏寺・祠官・僧侶には良き荘園をさらに寄進して、こう祈願するように命じられよ。「この世を滅亡させる邪魔を神力・仏力によって抑え込み、反逆を企む悪人輩はこと現れる以前に召し捕らえよ」と。収賄や贈賄は少しでも押し止めてほしいものだ。簡単なことではありませぬか。神武の御代から今日まで世の推移を省みるに、悪を止め善を行うという道理はやはり残っているのだと覚らされる」（343）。

4　道理をだにも心得取らせ給へ

後鳥羽というお人は、幼少で飾り物のという当代の天皇像をはるかにはみ出した君主であったようだ。後白河上皇の後継高倉天皇の第四皇子として即位したのが寿永二年（一一八三）四歳の時であり、まさしく源平合戦の年である。後白河没後に院政を始めたのが十九歳、建久九年（一一九八）であり頼朝の死の前年に当たる。その院政は承久の乱（一二二一年）まで続くから、上皇として本格的な統治を始めてから二十三年になる。さらに、乱の敗北で隠岐島《おきの》に流されて当地で死去するのがその十八年後、一二三九年（延応元年）のことだった。長きにわたって存在感を見せ続けた、我が朝最後の君主であったのだろう。

その活動がまた半端《はんぱ》でなかった。それこそ文武兼行。軍事のゲーム感覚。和歌。定家などを含めた臣下の引き回し。「この御時、北面の上に西面ということ始まりて、武士が子どもなど多く召し付けられけり。弓馬の御遊びありて、中古以後なきこと多く始まれり」（120）。

もとより、院にとって慈円は定家のごとくに引き回すべき家司《けいし》ではない。しかしその慈円にしても、後鳥羽に面と向かって『愚管抄』に書いたような直言を敢えてすることはできなかったに違いない。後の世のために、少なくともこれだけは書き残しておきたいということだったろう。本当は、逆乱の暴発防止はもとより、文武兼行の将軍の行く末についても、慈円がどこまで信じていたのかどうか。こんな感慨を漏らしている。「これはまた、とんでもないことどもを書き付けてきたものだ。自分がこれを書いていながら、我が身のすることとはとても思えない。いまさら陳弁これ努めても始まらない。あわれ、神仏が物いい給う世ならば、お尋ねしたいものだ」(350)。『愚管抄』を閉じるにあたって、これ以上は神仏の判断に任すほかないと慈円は書いた、その直前の部分を以下に引いて見る。いってみれば、後鳥羽上皇への諫言の総まとめのような文章である。

「主人と後見の関係は、小さな家政の内々での主人と分相応の後見役と同じことである。だが、身分に応じて後見が主人と和合している家政のようには、国政は治まってはおらない。まして、文武兼行の大織冠《たいしょっかん》(藤原鎌足)の末裔と国王自身とが不和の仲で、互いに心の隔てがあるというのでは、冥と顕、首尾、終始、そして過去現在未来いずれの和合から見ても、いささかも道理にかなう道とは申せまい。この末代には道理に反したかかる政治がまかり通るに違いない。ああ、かねてからそう心得ながら敢えて言い出してはこなかった。今に至ってはいかに申そうとかなうまじきことだ。世の末には世の中が乱れるという道理の通りだ。政治がその方向へとどんどん移り行くばかりである。悪魔邪神も悪化を促進せんとして介入し、時運つたなければ三宝善神の利生《りしょう》の力も及ばぬようになったのだと思われる。かくてことが起こるたびごとに世の政治の悪化は進んで、現在見られるごとき世の末になり下がっている。時の君主がまた威勢ありよく心配りする摂籙の臣を厄介者と思し召して、そのような君の意向が世の末にはいよいよ強く現れ出るということだ。この僻事は由々しい大事だと思う。この時に当たって、文武兼行の強力な摂籙の臣が、どんな妨害をもはねのけて出現することは、君の御意にかなわないことがどこにあろうか。君のこのお心違いが世の政治を滅ぼすのだ。この道理を返す返す思い覚《さと》られて、君の僻事をきっぱりと捨てていただきたい。君は臣を立て、臣は君を護るの道理はゆるがせにできない。この道理は日本国では昔から約定されていること、また実際の政治の推移もこの道理を明示してきたこと、これらをいちいちに思い合わせて道理だけでも得心してやり遂げていただければ、これに過ぎる幸いはない」（346）。

さてしかし、承久の乱の前夜、後鳥羽上皇をお諫め申す慈円の繰り言には、繰り返し末世の政治を嘆く言葉が差しはさまれざるをえない。たとえば、

さてもさてもこの世の変はりの継ぎ目に生まれ合いて、世の中の目の前に変はりぬることを、かくけざけざと見侍ることこそ、世に哀れにも浅ましくもおぼゆれ。（いやはやまったくのところ、この世の変わり目のその継ぎ目に生まれ合わせて、世の中が目の前で変わっていくのをかくも鮮やかに見てきたことこそ、ほんに悲しくもまた嘆かわしくも覚えることだ。）（350）

されぱこはいかにすべき世にか侍らん。この人のなさを思ひ続くるにこそ、あだにくさくさ心もなりて、待つべきことも頼もしくもなければ、今は臨終正念にて、とくとく頓死をし侍らなばやとのみこそおぼゆれ。（されば、いったいこの世の政治をどうしたらよかろうか。この人材不足を思い続けるにつけても、いたずらにくさくさするばかりだ。期待しても詮のないこと、今はただ臨終に心乱れることなく速やかに頓死してしまいたいとばかり思われる。）（354）

かの摂籙将軍候補二歳にたいする期待とて、到底果たされはしないことを、慈円は知っていたであろう。なぜなら、慈円が理想とするかの「摂関政治の時代」がとうに終わっていること、そして、この政治の終わりの時代を何とか政治的に思考せんと書き連ねたのが、ほかならぬ『愚管抄』であったからだ。

第二章

摂関政治は神々の約束

——君臣魚水合体の理念

1 国王は天皇家、摂籙は藤原氏

「それにしても、申しあげたきことどもの多さよ。これまでに、そのうちのごくわずかを書き付けることができたにすぎない。この書を皇子と将軍の成長された暁に御覧に供していただきたい。いかがおぼしめすであろうか。ともかくも、世の推移の真実を書いた者は他にいないのだから、露ばかりも嘘《そら》ごとは述べずに、ただ一筋の道理ということがあるのだとばかり書いて参った次第だ」(343)。

慈円はこのように書いて、後鳥羽上皇その人でなくその後継者(土御門《つちみかど》天皇)と、なかんずく頼経征夷大将軍が、政治の道理を実現することを期待して『愚管抄』を閉じている。けれども実際、慈円の期待した政治路線が実現することはなかった。承久の乱は勃発して朝廷側は鎌倉の武力に完敗した。上皇をはじめとして京方には遠流《おんる》死刑の厳しい報復が下された。この乱を契機としてこそ本格的に「武者の世」になることは周知の通りだ。いうところの文武兼行の将軍にしても、結局は鎌倉幕府北条氏との対立を深めた末に京都に送り返される始末となった(寛元四年＝一二四六)。それどころか、承久の乱を経て見れば、慈円たちの貴族社会、その政治と文化そのものが崩壊へと転げ落ちていく。慈円が期待したようには、歴史は下降から上昇へと「反転」などしなかったのである。『愚管抄』を書く慈円とて半ばは予期していた事態だったろう。後世から見れば、『愚管抄』は自らの崩壊におびえるなかで書かれた、慈円の敗北の政治論である。

実際、慈円が繰り返すように政治は悪世末代に突入している。これを慈円の政治思想から見れば、神代に神々が約諾されたはずの日本国の統治理念が歴史とともに失われていき、武士の世はそのどん底にほかならないからだ。では、神代からの約定《やくじょう》という政治理念とは何か。

『愚管抄』の巻第一と第二は神武《じんむ》天皇に始まり、当代の仲恭《ちゅうきょう》と後堀河《ごほりかわ》天皇に至る皇帝年代記である。後鳥羽は八十二代、順徳天皇までが八十四代とされる。天皇記には途中からは摂政関白大臣と天台座主の略歴も添えられている。続いて巻第三からが以上の年代記を慈円の観点から歴史的にたどり直す叙述になる。最終巻第七ではこの歴史の道理が簡潔にまとめられる。これら歴史記述が日本初の歴史理論などでなく、まさしく歴史的知の慈円による政治化にほかならないことが、やがて明らかになるだろう。

慈円の歴史記述の出発点に置かれて、以降歴史を貫く（唯一の）政治の原理だと慈円が考えるのが、国王と摂籙の臣、そして仏法と三者による統治の理念である。

まずは国王について、巻第七から引用する。

それに国王には国王振舞いよくせん人の善かるべきに、日本国のならひは国王種姓《しゆしやう》の人ならぬ筋を国王にすまじと、神の代より定めたる国なり。（328）

それに漢家のことはただ詮にはその器量の一事極まれるを取りて、それが打ち勝ちて国王とはなることと定めたり。この日本国は初めより王胤は他へ移ることなし。（347）

後にいうところの万世一系の天皇である。しかし、当然ながら国王には器量の劣る者が出るし、また後代では天皇はおしなべて幼少で即位して本人にはそもそも統治能力がない。だから輔弼《ほひつ》の臣下がいなければならない。「国王の血統とはいえ、同じならよい君主がいと願うのは世の習いである。それにご自身だけで万事に善政を布《し》くということも、必ずしも有り難い。そこで、大臣という臣下を国王の後見に用いて、互いに相談の上で世の政治を行うようにと定められている。この道理により、王であってもあまりの悪王であれば、政治と社会に貫徹する因果応報の力に圧倒されて政治を全うすることはできないのである。

その悪王が運の尽きる次第も歴史上様々である」（329）。

まず以上は、王胤は同一という大前提のもとではあれ、王個人の器量を重んずる「漢家のこと」（中国の教え）を慈円は取り入れている。天の声地の声を聞いて政治を行うべき国王の仁政、そして徳政なき王は廃してよい。暗に儒教的政治の理念をまずは国王に適用していると見ることができる。世の習いである。だからこそまた、王を輔弼する臣下が必要である。君臣少しも違わぬように心を合わせて世の政治を行うのが道理である。これもまた、儒教的政治の理念に属するといっていいだろう。

ところが、この日本国の歴史を見れば、この後見の臣下は代々藤原氏が務めてきたのであり、それも平安中期以降摂関は師輔《もろすけ》の嫡流、慈円もその一員である九条家に限られ今日に至っている。そして、慈円によればこれもまた日本の政治の原理なのである。摂籙の臣も藤原氏〝万世一系〟であり、そうあらねばならない。

2　魚水合体の政治理念

だが、摂籙は藤原氏というのが歴史の事実だとして、事実はなぜ日本国の政治原理の現れだと見るべきなのだろうか。慈円がここに持ち出すのが神々のそもそもの約束事（約諾）である。もともと『日本書紀』神代記（下）には、天孫降臨の際に天照大神と天児屋《あめのこや》根《ねの》命《みこと》とがそろって、この国を護るべきことを約諾されたとある。天児屋根命とは藤原氏の氏神春日社（三宮）の祭神にほかならない。天照大神はむろん天皇家の祖神である。ここに天皇家のみならず、後見役の臣下もまた藤原氏の血脈として特定された。

この約諾はもとより冥（目に見えない世界）でのことだが、神々の約諾がこの世（顕）に感応し効力を現して、「臣家にて王を助け奉らるべき」時が来た。それが、大織冠藤原鎌足と天智《てんじ》天皇の政治である。天皇がまだ東宮《とうぐう》であった時、この二人は圧政を布《し》く蘇我入鹿《そがのいるか》の首を節会《せちえ》の席で自ら切った。この事件こそ次のことを意味している。すなわち、「ただ国王の威勢だけでは日本国の政治は立ちゆかず、ただ乱れに乱れることがあるだろう。そこで、臣下のはからいと仏法の力とを合わせて、国王を助け政治を行う。古来のこの約諾がここに初めて顕に得心せられたのである」。「さればそのおもむきにて、今日までも侍るにこそ」と書かれている（141）。同じことは巻第七のまとめによればこうなる。

伊勢大神宮と八幡大菩薩のお教えとは、「後見役の臣下と少しも心違わぬようにせよ」ということであり、ここに君臣の魚水合体の礼ということを定められたのである。以降天下の政治が治まるも乱れるも、この礼によるのである。そもそも遠い昔に、天照大神が天児屋根命にたいして、「神鏡と天皇の御殿に伺候してよく御護り申せ」と勅を下され、御二人の約諾がなったのである。これによって、末代にわたって御約諾少しも違約なしとの道理が得られたのである。（329）

ここでは二柱《ふたはしら》の神に加えて「八幡大菩薩」が登場している。八幡神《はちまんしん》は聖武《しょうむ》天皇の御代に東大寺大仏建立《こんりゅう》に際して中央に進出し、後に神仏習合して大菩薩を称した。その後に源氏の氏神とされたのである。第一章で見たように、慈円は朝廷と鎌倉幕府の合体を「摂籙将軍」の実現に求めるようになるから、その根拠づけのためにここに八幡大菩薩を付け加えている。それはともかくとして、慈円の理念では神々の約諾はその後も歴史の裏側で冥の道理として独自に貫徹している。現実の歴史は良かれ悪しかれこれに感応するものとして推移していく。この道理はつねに政治の儒教的規範に優越する、慈円の政治理念にほかならない。現実政治において天皇や家臣の器量が絶えず問いただされながら、しかし根本的な政治の規範（倫理基準）をなすのもこの理念なのであった。

それにしても、神代における神々の約諾なるものを慈円は天下り的に持ち出して、以降もこれが冥界の道理として現実の歴史を貫徹するという。一体このどこに根拠があるのか、そう問いたくなる。後に第四章で触れることだが、慈円はおのれの密教修法《しゅほう》によって冥界との感応ができると信じており、かの神々の約諾はおそらくこの交感から得られた確信だったのであろう。といっても、慈円は『愚管抄』にこうしたいきさつを一切漏らしてはいない。慈円にとって政治はあくまでこの世（顕界）での事象である。それゆえ、古代からの神々の約束だといっても、また日本国は万世一系の習わしだとしても、代々の天皇その人が神々の約諾の化身として神格化されることはない。『愚管抄』全体のこれは際立った特徴である。神がかり信仰が（後に述べる怨霊問題を除いて）政治に入り込む余地はまずはないといってよい。天皇も摂籙の臣もあくまで生身の人間であり、為政者としてその政治の器量が問われ、これがまた冥界への感応として歴史の道理を現す。歴史をたどりながら慈円が問い続けるのもこれである。

3　理念の曲芸——北野の御事

それぞれの祖神どうしの約諾があったのだから、天皇家と藤原氏とは古来、国王とその摂籙という盟約の関係にあり今日まで政治はそうであらねばならない。慈円にとってはこの「魚水合体」はたんなる政治体制でなく、「冥顕合一」の理念たるべきものであった。現にその藤原氏のトップの一員である慈円にこんなふうに言われても、いまの時代に納得する者はいない。だが、これは歴史の原理（法則性）の主張などではない。自らの政治の理念（倫理的理想）なのである。ついこの間までだって、「プロレタリアートの歴史的使命」などといわれたことを、試みに思い出してみるといい。革命の歴史はこの使命の顕現だと見なされたのであった。この理念は神々の約諾ならぬ「歴史法則の必然性」などと理屈づけられたが、理念は理念である。とすれば、神々の約諾を今に守ることは、摂関家末裔の慈円にとっていわば「歴史的使命」である。

とはいえ、摂関家一族の全くご都合主義的な慈円の理屈が、当時の貴族一般にどれだけ説得力があったかどうかは別の問題である。しかも、慈円の原理は神々の盟約であり、つまりこの世（顕界）のことでなく冥界の道理だという。目に見えない世界の道理であれば、その顕現の次第は藤原氏の都合に合わせていかようにもでっち上げることができるではないか。なるほど、現実の政治の場面では、両方の道理が乖離することがある。いや、藤原氏に落ち度があればそれは顕の政治が冥の道理から外れた事例なのだ。また、第一章で文武兼行の摂関家将軍の場合に見たように、顕と冥との道理の合一が国王の政治の当為として要請される。ほとんど融通無碍《ゆうづうむげ》の道理である。『愚管抄』は歴史に道理を見た中世の歴史思想として有名であるが、慈円の道理は原理とか理論とか言えるものではない。慈円の道理のことはまた立ち帰ることがあるとして（第五章）、この道理がほとんど屁理屈の極みに達して、かえって微笑ましい事例をここで取り上げておこう。例の菅原道真の件である。醍醐《だいご》天皇の時代、時の左大臣藤原時平《ときひら》の讒言《ざんげん》により右大臣道真は大宰府に流されてそこで没する。だがその後、道真の怨霊が北野天神として現れ時平を呪殺したと世に喧伝された。この「北野の御事」の経緯を慈円は大略次のように描いている。

（醍醐の父の）宇多《うだ》天皇は即位の初めから「我は無下《むげ》に聖王の器にあらず。早く下りなん」とばかり昭宣公（基経《もとつね》）に申されていた。「いかでかさること候はん」（そんなことはございません）と専ら基経は慰留に努めていたが、「さらば一向に世の政《まつりごと》をしてたべ」とのことで、政治はすべて基経に任せておいでだった。こうしているうちに基経は死去して、天皇は醍醐に譲位された。醍醐天皇はこの時まだ十三歳、摂政は用いず宇多天皇のご遺誡《ゆいかい》に従って、故基経の長男左大臣時平と右大臣菅原道真の両人を内覧の臣に任じて、合わせて政治を行っていた。こうして天皇が御年十七になった延喜元年に、かの「北野の御事」が起こったのである。（154）

右大臣菅原道真は摂籙藤原家の外の人である。もっといえば、君臣魚水合体という慈円の政治理念の外部の人であり、そこから道真の怨霊が理念を撃ったのである。慈円とて時平その人を擁護することはできないと認めている。「天神（道真）は疑いもなく観音の化現（化身）であって、末代の王法を直接に護ろうとおぼしめしたがために、かかる事件は起きたのだ。はっきりとそう知ることができる。たしかに、時平の讒言といわれることは疑いがない。浄蔵《じょうぞう》法師伝にも見えている通りである」（155）。そして道真没後七年にして時平は死去した。

だが、と慈円は解釈するのだが、もしもこれが天神の意図だとしたら、「すべての内覧の臣、摂籙の家は、天神の仇として根絶やしにされるはずである。だが事実は、時平の後はすぐに弟の貞信公（忠平《ただひら》）が継いで家を伝え、内覧摂関家は予想外に繁栄して子孫絶えることなく今日まで立派に継続している」。「このことを深く案ずるに」と、慈円は続ける。

日本国は小国である。そこに内覧の臣が二人も並び立ってはきっとよろしくなかろう。内覧というのは、しかしながら、天照大神と鹿島神宮（祭神は天児屋根命）の約諾によって、末代まで違例あってはならないと定められている。だからこそ、天神（観音の化身）は大織冠の子孫をあくまで護ろうとして、時平の讒言にわざと陥れられてご

自身を滅ぼされた。かくして摂籙の家をお護り下さったのだ。（155）

つまりこういうことである。摂関家（時平）がそもそもの悪臣だから道真を讒言して、その結果天神によって滅ぼされたのではない。神々はその約定を今に貫徹させようとして、時平を道真と並び立たせた上で時平に告げ口をさせて道真に罪を着せ、天神事件を引き起こさせた。道真も時平もかえって仏神の深い経綸の生贄《いけにえ》だったのだ。この犠牲によって、まさしく王法（国王とその後見による政治）が護られたのである。

「確かに時平が心悪かったのは明らかだ。［……］だが、賢人の子必ずしも賢ならず。時平の事例をもって内覧の臣、摂籙の家を目の敵にしようとするのは世間の愚者の考えである。天神がまさに真実としてかくの如く筋を通されたこと、これを本当に（まめやかに）理解している人はいない。天神事件の道理を返す返す心に入れて、かように心得るべきである」（156）。慈円はこのように強弁するが、かなり苦しい。時平による讒言とは、菅原道真が宇多上皇を欺いて醍醐天皇を廃し、代わって自分の娘婿（斉世《ときよ》親王）を即位させようとしたというものだった。時平にとってライバル道真の脅威というだけでなく、道真が天皇の外戚になるかもしれない。これが関白という専権の確立期に一族の脅威となったのだという。この史実が慈円の手にかかると、道真がわざと仕組んで罰を蒙り、これによって摂籙家を護ったということになる。

『愚管抄』全般についていえることだが、慈円は道理の説に薄々無理を感じるところがあったのだろう。無理を通そうと説く箇所で、慈円の文章はとりわけねじくれるように思われる。主語があらわでないのはこの時代の文章によくあることだが、それに加えて異なる文意が寄せ集められて、しかもそれらの関係があちこちに飛ぶ。ここはいい機会だと思うので、上記の天神事件に関する慈円の結語を原文のまま引いて見る（ただし漢字を補っている）。

（天神は）コトニ摂籙ノ臣ノフカクウヤマヒ、フカク頼ミマイラセラルベキ神トコソアラハニハ心得侍レ。カヤウノ方便教門ノ化導ナラデ、ヒトエニ劫初劫末ノマヽニテハ、南州衆生ノ果報ノ勝劣モ、寿命長短モ、カクテコソ敬神帰仏縁フカクシテ、出離成仏ノ果位ニハ至ルベケレドモ、カヤウノサカヒニ入テ心ウル日ハ、一々ニソノフシ〴〵ハタガフコトナシ。（156）

この文章の私訳。「天神はことに摂籙の臣が深く敬い、深く頼みとすべき神としてましますことは明らかである。かように、仮に神となって衆生を導くという方便がなければ、ただ初めから終《しま》いまでの世の循環に身を任せるままで、この世に住む衆生《しゆじよう》の果報の優劣も、寿命の長短も定めがたい。天神のお導きがあってこそ、深く神を敬い仏法に帰依し、出家成仏の果報を得ることもできる。かような心境をもって天神事件を了解するときにこそ、政治の一つひとつにつき道理を踏み外すことはないのだ」。菅原道真を天神（観音の化身）とした上で、かえって藤原氏が帰依すべき神に祭り上げる慈円の言葉である。

4　血脈合体の政治

さて、国王と後見による魚水合体としての王法に関して、慈円の道理を見てきた。加えて、『愚管抄』の初めには「王法と仏法」との協力関係の道理が説かれている。ここで仏法とは仏教あるいはその教理のことでなく、大寺院権門のことであり事実上王法の一員である。慈円が唱える仏法の実情についてはしばらく後回しにして（第五章）、王法の政治が顕の歴史世界でどう展開されるか、摂関時代までの慈円の記述を追っておこう。合体の虚実と、理念を適用する上での慈円の理屈を見る。

「天智は孝養の御心深くて、御母の御門《みかど》失せおはしまして後、なを七年の後に位に就かせ給ひけるに、大織冠はひしと御政を助けて、藤原の姓を初めて給はりて、内大臣といふこともこれに始まりておはしましけり」(141)。こうして、天皇家と藤原氏との政治が始められる。以降は天神事件に至るまで、慈円の筆致は淡々とこの政治をたどり、文章も比較的平明である。とはいえ、主として天皇家の後継問題をめぐって政争が起こる。事件の慈円の取り扱い方を中心に、簡単にフォローしておく。

天智以降は天皇家の継承関係が足早に記述される。壬申《じんしん》の乱により弟の天武《てんむ》天皇が立ち、その皇位は持統《じとう》、文武《もんむ》へと受け継がれて聖武天皇の御代になる。ここに(聖武の)「御母は大織冠のむまご不比等《ふひと》の娘なり」と、藤原氏が登場する。「これより大織冠の子孫みな国王の御母とはなりにけり。おのずから異人《ことひと》(他姓の女)混じれども、今日までに藤原の氏のみ国母にておはしますなり」ということになる(144)。神々の約束事という魚水合体の政治体制は、藤原氏出身の后が天皇の母であるという血のつながりによって固められることになった。以降、天皇家と藤原氏との血脈が混じり合いながら濃淡の秩序を形成し、日本国の政治の実体となる。魚水合体の政治は神々の約諾という理念に支えられているばかりか、現にこれは血による結合体なのであった。平安時代ともなれば貴族社会に藤原姓が蔓延し、王族出身の(村上)源氏がわずかに混じる程度までになった。思えば異様な社会であるが、慈円などにとっては取り立ててそれに気づくこともない現実となっていただろう。

次いで、聖武の後継をめぐる経緯と、恵美押勝《えみのおしかつ》の乱や道鏡の覇権のことが簡単に触れられている。以上の期間について、大化の改新も律令制の制定もまったく言及することがない。巻第一の年代記に「律令を定めらる」とあるだけである。

次に、桓武《かんむ》天皇からの平安時代になる。これ以降は女帝も立たず国母はみな藤原氏の出身であり、「ひしと国治まり、民厚くてめでたかりけり。今日までもそのままは違はぬ趣なり」(146)という評価になる。伝教と弘法の両大師をはじめとして天台宗・真言宗を広めたこともこれに貢献している。次に、桓武の御子三人のうち、平城《へいぜい》と嵯峨《さが》とは当初仲たがいしていた。ここから薬子《くすこ》の乱(八一〇年)が生じた。平城が寵愛した内侍督《ないしのかみ》藤原薬子のせいであるとして、慈円は「悪しきことも女人の入眼《じゅがん》にはなるなり」(150)と書いている。入眼とは造仏の最後の仕上げとして眼を入れることだが、慈円は政治の最後の仕上げ(決定権)を女が握るという意味で女人入眼といい、これからも『愚管抄』でたびたび使われる言葉である。薬子の乱とは、嵯峨天皇に譲位した上皇平城が、薬子や官人多数を引き連れて平城故宮へ移って遷都命令まで発した事件である。嵯峨天皇はこの乱を鎮圧することを通じて上皇から政治の権を剝脱して、天皇に一本化する体制を確立したという。実際、後に宇多上皇が菅原道真の流罪を止めようとして内裏に押しかけたが、醍醐天皇は

「国の政を譲り給ひて後は、しらせ（統治）おはしますまじとこそ定められて候へ」として、父上皇に会うことも拒んだと『愚管抄』にはある。こう書いて慈円の念頭にあるのは遥か後の院政のことである。院政は「君は臣を疑ひ、臣は君をへつらふこと」が起こる末世になってからのことで、この時代にはまだ思いもよらないことだった（157）。

次いで、淳和《じゅんな》と仁明《にんみょう》の後継問題をめぐって承和《じょうわ》の変（八四二年）が起きた。淳和上皇の親王で皇太子の恒貞《つねさだ》を、仁明天皇に代えて即位させようとする陰謀が発覚して鎮圧された事件であった。これを通じて、仁明と藤原良房《よしふさ》との政治体制が確立したという。慈円によれば、良房が命じられて謀反の橘逸勢《はやなり》などを流刑にして決着させた。「哀れ哀れ」というのが承和の変の結末にたいする慈円の短いコメントである。

続いて、皇位は仁明、文徳《もんとく》、清和《せいわ》と受け継がれたが、清和は即位のときわずかに九歳だった。そこで、母后の父である忠仁公良房を初めて摂政に置いた。摂政関白の始まりである。この時に伴《ともの》大納言善男《よしお》が応天門を焼くという事件が発生した。この讒言事件も良房にその養子の基経が協力して解決した。『愚管抄』の記述は以上のとおり簡潔であるが、摂政関白というものの出現はいうまでもなく藤原氏嫡流の専権と不可分の関係にある。慈円の使う摂籙とは中国で摂政のことというが、慈円はこれを摂政関白の意味で使っている。天皇家の歴史でも九歳の天皇など初めてのことであり、摂政とは幼少の天皇を藤原氏が外

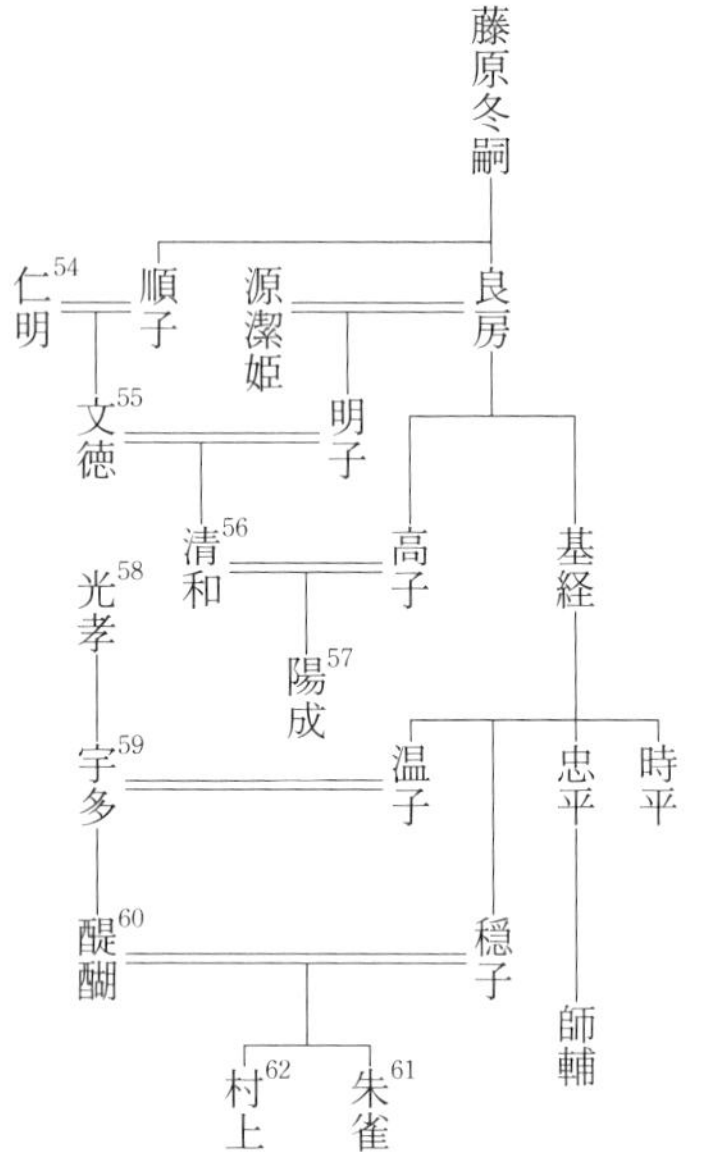

戚として代行補佐することから始められた。天皇の奏聞を経ずに叙位や任官ができたという。天皇への奏上に先立って文書に目を通す職が内覧であるが、成人になった天皇を補佐して内覧を執行するのが関白である。両者とも内覧の権を中軸に太政官府を統括するところに特徴があったという。良房以降、摂政と関白は同一人物が時期をずらしてなることもある。『愚管抄』は合わせて摂籙の臣（摂関）と呼んでいるので、特に問題にならなければこれに従う。

さて、その摂政良房である。初代のことだから良房において摂政の地位が成立する過程は複雑であるが、応天門の変（八六六年）が決定的だったという。大内裏《だいだいり》朝堂院の正門である応天門が放火によって焼け落ち、大納言伴善男が左大臣源信《まこと》を犯人として告発した。当時太政大臣の良房が「天下の政を摂行せよ」と命じられて、この事件を処理したのだという。摂政である。清和天皇は二十六歳で譲位して、これまた九歳の陽成天皇が即位した。基経がその摂政になる。後に触れるが、基経はこの陽成天皇を廃位して、五十五歳の光孝《こうこう》天皇が即位しその関白に基経が任命された。関白の始まりである。

以上、摂関基経に至るまで、『愚管抄』いうところの魚水合体の政治の推移を足早に見てきた。平安京遷都以降も、薬子の乱、承和の変、応天門の変など、この体制に若干の乱れはあったが、結局はこれも藤原氏の専権、なかでも北家が嫡流として確立する過程として描かれている。実際にもそうであったのであろう。歴史家の一文を引く、関白という地位が設けられ確立されることによって初めて、「藤原氏の北家の代々の当主は、太政官における地位とは無関係に、天皇と太政官との間にあって政務全般を取り仕切ることのできる地位を確保できる見通しがついたのである」。この摂関による政治体制が確立したのは、基経の子で時平の弟の忠平の時であったという（坂上康俊『律令国家の転換と「日本」』、講談社学術文庫、二〇〇九年、二三五頁）。これはまた魚水合体が血脈合体の体制ともなる歴史だったと、もう一度指摘しておきたい。

5　摂関家専権の論理

その摂政基経だが、時の天皇陽成が「なのめならず浅ましくおはしましければ」、諸卿と協議の上これを廃するということがあった。「物《もの》の気《け》がかくまでも暴れている御様子だから、いかに国王とはいえ国を治め続けるべきでない」というのが沙汰の理由だった(153)。この昭宣公基経は陽成を廃した後に立てた光孝天皇と相議して、宇多天皇を後継者にしたとのことだ。

実は、摂籙の臣による陽成天皇の廃位という出来事はどこまでも慈円の気がかりになっており、その後も繰り返して言及される。臣下による天皇の廃位や殺害は、慈円の理念からいってありうべからざることだからだ。ここでまとめて、慈円の言い分を聞いておきたい。「清和の初めに摂政を置かれて良房大臣が就任した。その御子の昭宣公が自分の甥の陽成院を退位させて(九歳で即位、在位八年)、小松殿(光孝天皇)を立てた」(321)。この出来事には毀誉《きよ》褒貶《ほうへん》があったのであろう。慈円が応答する。まずは、いかに国王とて十歳に満たない者をどうして王にできようかという道理があろう。他方では、「即位させた以上ただそのまま続けてもらう。ご自身で退位を望んでもいないのに、強制退位させる理由はない。これぞ謀反というものだ」と、非難が出るのも必然である。しかしだからといって、先の退位は基経の無体な謀反だと申す人はこれまでにいたろうか。いや決して、誰もそうは思わないし言いもしない。逆に、天皇の御ために基経の限りなき功績だといい伝えている。また、四、五歳の幼主は不適切で、政治を沙汰できるまで成長してから王にすべきだという人もいる。だが、昔も今も就くべきでない人を即位させることはないのだから、幼少の理由で避けていては王位は絶えてしまうだろう。だから、この理由で幼いことを嫌うことはしない。したがって、幼主は好ましからず、かつ、ふさわしくない者は天皇にしないという二つの兼ね合いを考慮して道理を知るべきだ（328）。

慈円の以上のロジックは分かりにくい。「まず、道理移りゆくことを、地体に（基本にして）よくよく人は心得べきなり」（327）と慈円は最初に断っているが、この「道理の推移」の道理が恣意的に思えるからだろう。けれども、これより重大で見過ごせない慈円の見方がある。清和天皇の後では「すべての国王のお命の短いこと、いうべき言葉もない。在位のまま五十歳に及んだ方は一人もいない」。こう述べて、慈円は清和から後冷泉まで、歴代天皇の在位年数のデータを「証拠」のごとくに列挙している（330）。たとえば、「花山は二年（在位）にて四十一（没年）までおはしませど言ふに足らず」というように。およそ九世紀半ばから十一世紀半ばまでの二百年間の天皇である。この間が藤原氏の最盛期だったことをあらかじめ指摘しておこう。つまりは、幼主の存在が摂籙の臣のための条件なのだ。むしろ、摂関家が摂政となるべく幼主を即位させた。この史実が慈円ロジックにかかると、幼主の即位は先代の天皇の若死にの結果だということになる。

「これら代々の国王が若死にされた事実を、よくよく考えるべきだ」として、慈円は次のように言っている。君臣合体という日本国の政治の道理に照らしてみて、そして院政以前の時代にあっては、「もしも、国王が六、七十歳までも在位されるならば、摂籙の臣が世を治めるという歴史の一段落などあるはずがない」。即位して五、六十年退位しないでおいでになるなら、それはただ良き昔（清和以前）のままというべきだ。（その後は）まことにお若いうちに即位され、摂政が付き、ようやく政治ができるまでに成長されても、その時にはもうご自身で世を治めんとするほどの気概はなくなっている。だとすれば、「摂籙の臣の器量が豊かで、幼主の政治を助けて世を治めていけば万事に欠けるところはないのである。そうこうするうちに、君主は三十歳未満でみな失せさせ給ふのである」（331）。

これはまた乱暴な話である。たとえば花山《かざん》天皇がわずか二年で退位したのは、「青道心《あおどうしん》事件」を仕組んだ藤原氏自身の陰謀のためではないか（後述）。慈円の天皇若死説は史実に堪える話ではない。しかしまだある。天皇の寿命はこれも神代の約束事の結果だとまで、慈円は強弁する。「これこそは、伊勢大神宮が作り置かれたことなのだ」（332）。院政までのこの歴史のなかほど、清和以降は、国王は天皇にして昔の天皇ではありえないために、天照大神が天児屋根命に命じて、藤原氏、なかんずく九条師輔の子孫がよくよく君の政治をお助けするようにしてある。つまりは天皇の寿命の短さまで、神々の計らいのせいにしている。寿命を短くして藤原氏を摂籙たらしめているというのである。ここまでくると、現代の読者としてはなんともはやと嘆息するほかない。巻第三にはさらにこうある――「末世の国王の身体が病弱なのは、天照大神の造意至極の計らいであって、政治の過失があってもこれを国王に帰することがないようにそうしたのである」（140）。国王免責あるいは傀儡《かいらい》化の乱暴な論理がここに顔を出す。確かに慈円の認識通り、平安中期道長《みちなが》・頼通《よりみち》までは藤原氏、なかでも九条流の全盛時代だったろう。慈円はその政治理念の命ずるままに、この歴史を追認する理屈を考えたのであろう。

さて、皇位継承とそこでの摂籙の臣の役割を短く指摘する形で、慈円の記述は宇多天皇の御代まで到達した。王法は薬子の乱、承和の変、応天門の変、そして陽成廃位と時に乱れることもあったのだが、その都度時の摂籙の臣が力を尽くして乗り切ってきた。これが慈円の歴史叙述の基調にほかならない。現代の目で見れば、大化の改新や律令制の制定などのほうがよっぽど政治的事件に思えるが、これは慈円の政治的関心には属さない。

ところが宇多天皇の次の醍醐の時代に、これまでの王法の歴史が経験したなかでの最重大事、時の摂籙が天神に呪い殺されるという事件が発生した。すでに先の節で触れたとおりである。この事件だけのことではない。『愚管抄』にとって怨霊の存在は重大な関心事であった。なぜなら、天皇家と藤原氏の「魚水合体」による王法を、いわば外部から脅かす力を慈円は怨霊に認めていたからである。事実、天神は荒れ狂って朝廷貴族の狭い社会ばかりか、遥かに都の民衆レベルの心性までも攪乱した。狭い貴族社会の勢力配置とその展開ばかりを追いかける慈円の政治記述を破綻させかねない「外部」が、怨霊とともに侵攻する。慈円の説く道理にとっては、由々しき事態と認識されていた。だが、怨霊の問題も後に詳述することにしよう。

「延喜（醍醐天皇）、天暦（村上天皇）までは君臣合体魚水の政治が、まことにめでたく行われたとみられる。北野の御事（道真事件）も、強いていえば、時平の心が君と違わないことの証左と了解できよう」（333）。こうして、歴史は摂関時代に入る。「忠仁公（良房）、清和の御門《みかど》日本国の幼主の初め、外祖にて初めて摂政も置かれて後、この摂政の家に帝の外祖《がいそ》外舅《がいきゆう》ならん大臣のあらんが、必ず必ず執政の臣なるべき道理は、ひしと作りかためたる道理にて、一度もさなきことはなし」（165）。こうしたわけで、良房の摂政以降に固有の意味で摂関家の歴史が始まり、しかもこれは天皇の外祖外舅として、王と臣は血の繫が

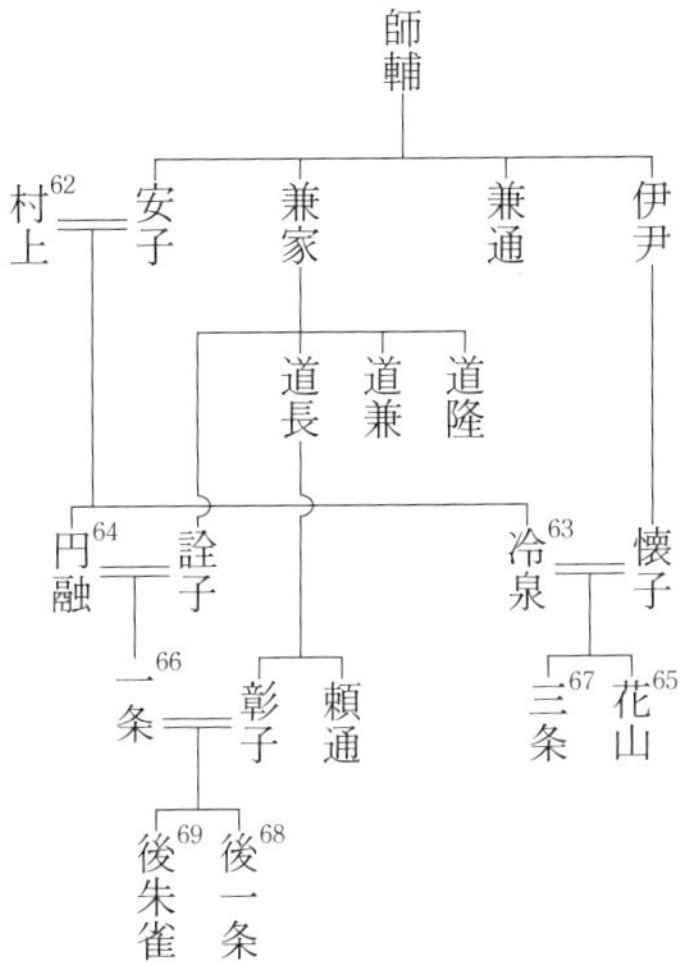

りで結ばれることになる。そして、良房の二代後の九条殿師輔の覇権となる。「我が子孫に摂政をば伝えん、また我が子孫を帝の外戚とはなさん」と誓ったという（157）。この師輔こそはその娘が冷泉《れいぜい》・円融《えんゆう》天皇の母となり、以降後冷泉天皇まで百年間、天皇はみんな師輔の子孫を母として生まれる。この「ひしと作りかためたる道理」は遥かに下って兼実・慈円にまで伝えられることになるだろう。師輔―兼家―道長―頼通―忠実―忠通―兼実の九条流である。『愚管抄』は「北野の御事」に続いて、師輔の覇権の確立をめぐる藤原氏内部の権力闘争を綴る。逸話めいた話も含めて、記述は格段に詳しくなる。醍醐天皇の御子《みこ》で左大臣源高明《たかあきら》の謀反とされる安和《あんな》の変（九六九年）に関しては、『愚管抄』のコメントは歯切れが悪い（180）。（この事件は今日では師輔一党による陰謀と見なされている。）また続いて、師輔の子の二人の兄弟兼通と兼家との出世競争についても詳しいが、これらについては省略していいだろう。

その次が有名な「花山院青道心」事件である。花山天皇は十九歳で最愛の后である為光《ためみつ》の娘に先立たれて、道心しきりに起こって世を捨てたいと物思いにふけっておられた。これに乗じて、兼家《かねいえ》の次男の道兼《みちかね》がご一緒しますと半ば騙して出家させてしまった。その結果、花山天皇を廃して兼家が外戚であるわずか七歳の一条天皇に取り換えたのである。見聞きした情報が豊富だったのだろう、慈円は顚末を詳しく記して、あれも道理これも道理といった具合に短く評を入れている。「(花山天皇が)「世の味気なく出家して仏道に入りなんと思ふ」とのみ仰せられけるを聞きて、(道兼は)折を得たりとこそは思はれけめ。昔も今も心ききて謀りごとある人は、我とだにこそ不可思議のことをも思ひよりつつし出だすこととなれ(昔も今も機会を見るに敏な謀略家がいるもので、自分でも思いがけない不思議な策を用いるものだ)」といった具合である。花山と道兼と、二人とも若気の至り、俄かに「青道心」を起こした結果だろうと慈円はいう(166)。慈円は花山の師厳久の説教を長々と援用して、仏法に従った花山を褒めているのだが、ためにする言説であろう。ともかくも、一条の即位で兼家はめでたく外祖父になり、これで「ひしと世は落ち入りにけり」。政治はすっかり落ち着きを取り戻したということである。

藤原家の権力争いについて、慈円の身贔屓《みびいき》な記述をここでいちいちたどるのは煩に堪えない。そもそも、時の京の都で、貴族のそれも上層貴族の社会はとても狭い。朝廷と上級貴族、それに権門寺院のトップの僧たち（仏法）とがそれこそ網の目のように繋がって、社会が半ば自動的に回転していた。重大な「外乱」でもない限り、この社会内部の人びとにとって、専ら人事と権力の係争に政治の関心が集中するのは当然である。忠平の時に将《まさ》門《かど》・純友《すみとも》の乱が起こり、地方のことながら大きな衝撃を朝廷に与えたといわれるが、慈円は一言、「将門が謀反の時、禁中に仁王会《にんのうえ》ありける」と触れるのみである。

6　慈円の政治世界

貴族社会は狭いだけではない。皇族方をはじめとして、それぞれがたくさんの子息を持っている。複数の腹の出だから年齢の幅も広い。それがみな同じような名前で、正直なところ私にはもう憶えられない。たとえば、忠通《ただみち》の息子は慈円を含めて十人あり、このうち基実・基房・兼実の三人が摂関に昇り、兼房《かねふさ》は太政大臣になる。他の六人は寺に出されるが三人が延暦寺、二人が興福寺、そして一人が園城寺《おんじょうじ》であるという。慈円をはじめとしてそれぞれ権門寺院で出世していく。他の上級貴族でも同様であろうから、これらがまた相互に繋がりあって上流貴族社会の血縁・婚姻関係をなし、また人事をめぐって抗争を繰り返す。上級貴族には召し使う家司《けいし》（諸大夫）の貴族があり、これも重層的に繋がっている。ちなみに、和歌の家藤原定家の子女は推定二十四人いたという。家を継ぐのは一人だから男子の多くは寺に出す。女子の何人かは宮仕えに出すがほとんどは母親ともども里に送り返したものか。定家の父の俊成にも二十四人の子がいたというから、叔父叔母の関係も入り組んでいて、定家には年齢がずっと下の叔父叔母も多かったろう。濃密で閉鎖的なこうした社会の内部まで、外部の風は容易には吹き込まない道理である。

『愚管抄』には「藤原氏」とこれに類する言葉が数えるほどしか出てこないと、大隅和雄が注意している（『愚管抄を読む』、講談社学術文庫、一九九九年、一七六頁）。慈円には藤原氏という観念が希薄だというのである。ことに師輔の覇権以降はその子孫が当面の関心であり、傍系の諸流は藤原氏以外の諸氏と共に『愚管抄』の歴史の埒外《らちがい》に置かれる。氏族としての藤原氏が解体拡散して、摂関の家が重視されるようになる。慈円の時代には貴族社会の中で家というものが独自の集団として明確な姿を現してくるという。律令制の公地公民が崩れて、家は荘園家領を所有し、それぞれの職《しき》（専門職）を特化している。摂関家が政治を、俊成の家が和歌を職として世襲する。こうして、家を継ぎ、伝えることが貴族の重大関心事となる。慈円にとっても、ことに師輔の覇権以降はその子孫が当面の関心である。なかんずく、慈円の代には摂籙も九条、近衛、そして松殿に分裂するから、この三家の覇権争いが慈円の関心事になる（後述）。その分、政治の視野が狭窄化することになろう。こうして、『愚管抄』の政治について、大隅和雄は概括的に次のように述べることになる。

『愚管抄』は、歴代天皇の皇位継承と、歴代摂関の相続の経緯を、一本の糸のようにより合わせてとらえ、その糸を手繰ってゆくことを叙述の中心にしているが、そこで述べられる歴史や政治の世界は、きわめて私的なものであり、公的・国家的な立場からの叙述はほとんど影をひそめている。そこでは、公的な政治の原理は見失われており、政治は摂関家を中心とする小政治圏の運営に堕してしまい、宮廷における人事の操作以外の何ものでもなくなっていたのである。（前掲、一〇七頁）

慈円の政治が私的なものであり、公的・国家的立場が欠けている。これまでに、師輔・兼家のころまでの慈円の歴史叙述を追ってきたが、そこに見られる政治もこのとおりのことであったろう。ただ、慈円の時代の貴族社会ではこの私的政治が政治そのものだったのだ。私的政治を通じて、貴族社会というこの時代独特のポリスが形成されていた。政治とは具体的なこの人物とその婚姻・人脈関係の変転だと捉えられている。朝廷儀式の繰り返しがあれほど重視されたのも、国家の公事システムそのものだったことに加えて、これを執り行う貴族の人物、権限、有職故実、その結果としての各人の言動が政治をなしていたからだ。『愚管抄』を書く慈円にしても、たとえば花山天皇と言えば、その人脈血脈が一群の固有名の関係として直ちに脳裏に浮上したに違いない。調べ確かめて書くなどといったことでなく、記憶がいわば骨肉化していたはずである。事件のたびにこれが繰り出される。私などには煩に堪えないことだが、当時まさにこれが政治だったのだと承知している。

だが、本当にそうだったろうか。『愚管抄』を読むことは慈円の私的政治の歴史をたどることに尽きるだろうか。「公的な政治の原理は見失われていた」ろうか。これはたんに律令制が崩れたことを指摘しているのであって、時代は別の「公事」を現出させているのではないか。私はいうところの「公的な政治」が徹底的に見失われているところに、むしろ慈円の政治的立場がその危うさとともに現れ出ていると思っている。歴史の中に政治の道理を見る慈円の叙述を、ことさらに理念の貫徹と挫折として取り出そうとしているのもこのためである。慈円の政治観念については後に章を改めて取り上げたい（第六章）。

さて、「こうして一条天皇の即位の後は、この大入道殿兼家がしっかりと国政を掌握した。後のちは宇治殿（頼通）までを見ると、まことに言い尽くせないほどに、摂関家は栄え世も穏やかに治まり、人心が離れて悪政に陥ることもなく、正道を守って世を治めたのである」（169）。さらに、「冷泉院の後は、天下はしっかりと摂籙の臣に従ったと見なせる。これについては、道長までは摂籙の心が時の君を侮《あなど》るなどということはさらさらなく、君が悪い場合は正しくなさるよう申し上げることを繰り返した。確かに、君がご機嫌を損じて、円融・一条天皇などが「（摂関は）この自分を侮っているのか、わが思うように政治をさせないではないか」と思われたようだが、これらはみな君のお心得違いと思われる」（333）。

『愚管抄』がこのように総括する道長の時代だが、一条天皇との不和とはこんな具合であった。兼家の嫡男道隆《みちたか》とその子の伊周《これちか》の血統は、伊周の流刑をもって絶たれる。他方では、兄たちが早世して道長に出番が来るという幸運もあったが、これに加えて一条の母后で姉の東三条院詮子が動いた。道長の内覧就任を渋る一条に、詮子は「いかに世のため君のため良く候べきことをかく申し候をば、聞こし召し入れぬさまには候ぞ」、どうして私のいうことを聞いて下さらないのと、ただならぬ目つきで詰め寄った。一条がたじたじとなって承諾するや、女院はその場で内覧宣旨の手続きを発動させたという（171）。「この女院の御計らひのままにて世はありけんとなん申し伝へたり」と慈円は記しているが、例の「日本国は女人入眼」（決定権は女人にあり）という嫌味はここでは吐露されていない。

だがともかくも、かくて道長の天下となった。

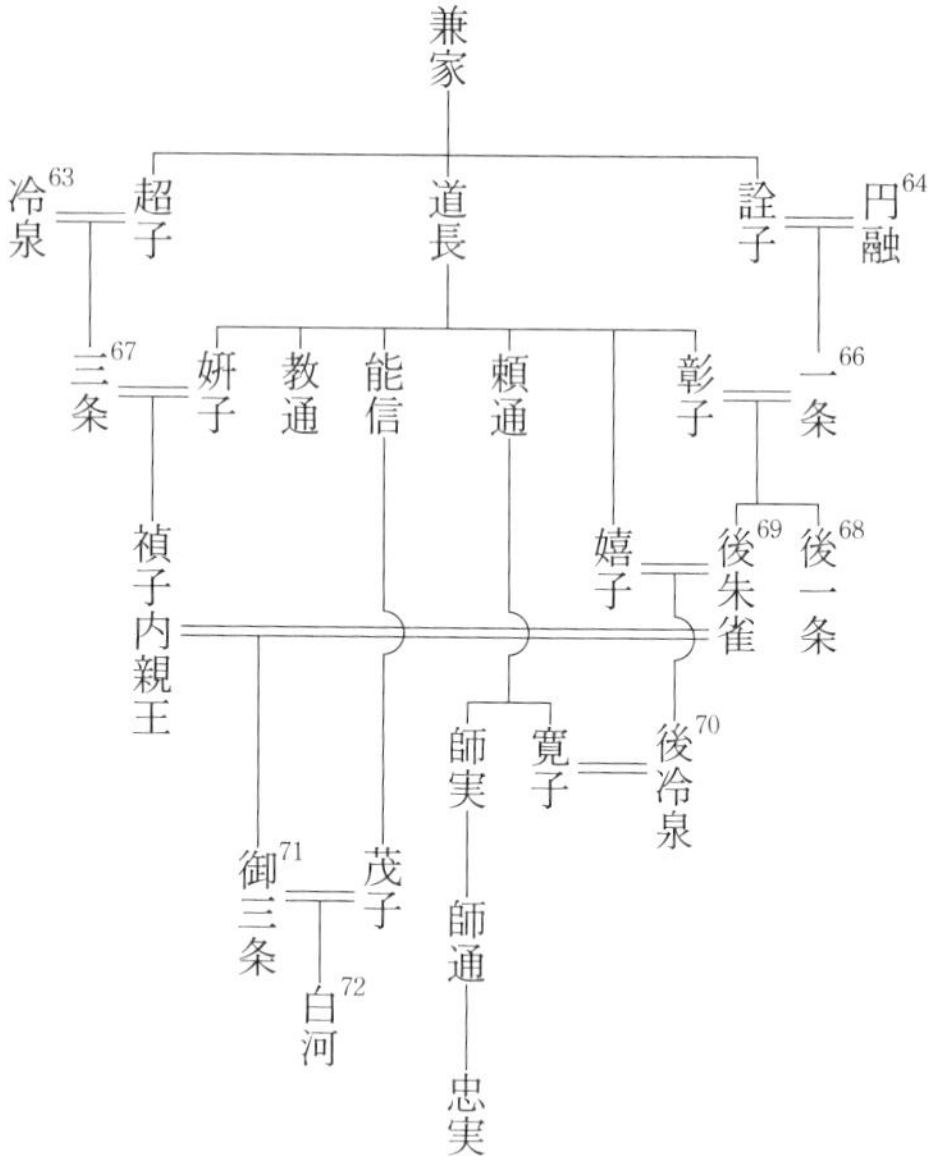

とはいえ、一条天皇としては深く意趣を覚えていたのだろう。そもそもが伊周の妹定子（清少納言の主人）に産ませた皇子を東宮に立てる望みを、道長によって妨げられていた。その一条の没後に宸《しん》筆《ぴつ》の宣命《せんみょう》めいたものが残されており、「臣下の暗雲により天の徳が覆い隠される」と書かれていた。道長はこれを見つけて一瞥《いちべつ》の後に焼き捨てた。慈円によれば、道長が「人間界の徳の手本」であることをあるがままに認めないため、一条は「とく失せさせ給ひにけり」ということになる。一条の僻事《ひがごと》（反道長）が寿命にまで響いたと。これに反して、道長は長寿を全うして子孫は繁盛し、ご自身は臨終正念にて亡くなり、まことに類もないことであった。きっと、道長は一条天皇のご霊前で心中こう

思っていただろう、と慈円は書く。「どうでしょうか、私は悪心など起こしてはおりませんでした。私はこの世に生きており、かくの如く君の追福の儀を執り行っています。身分の高きも低きも、心ばえが異なることがありましょうか。それにまたどうです。私は言ったことは少しも違うことなく思う通りに行いました」（174）。慈円の筆もここまでくるといささかあくどい。

慈円はさらにダメ押しをしている。「伊勢大神宮も八幡大菩薩もきっとこれを御嘉納なされ、道長を見護って下さったに相違ない。さればこそ、道長はその後も万寿四年（一〇二七）までも久しく存命で、あのように立派な御臨終が評判にもなったのだ」。記述はいささか『大鏡』めいてくるが、特に道長の政治的事績を記すこともなく、こんな調子で『愚管抄』は巻第三を閉じている。

7　世の中おぼつかなく

さて、「大方のところ御堂《みどう》（道長）の当時には、あらゆる人びとがその心の持ちようが真っ直ぐで私心なく、ただ物事がよい方向に向くことばかりを考えて政治を計り処理していた。その処置は皆効果を上げ、人びともこれに服していたことは明白な事実だった」(181)。「とにもかくにも良きことのみ侍りける世にこそ」と慈円は道長の治世をまとめている(182)。

次いで『愚管抄』も頼通の長い摂関期に入る。慈円にとっても身近な時代となり、聞き書きも含めてちょっとしたエピソードが語られるようになる。そのうちの一つ、頼通の統治も末期のころの話だが、摂政頼通と嫡男の左大臣師実《もろざね》の逸話を次に簡単に紹介する(196-199)。そのころ、頼通は年八十になって宇治に籠っておいでだったが、嫡男の左大臣師実にこう勧めた。「内裏へは日参しなさい。さしたる用がなくとも、毎日欠かさずに参内して奉公に努めることだ」。師実は仰せに従った。主上(後三条天皇《ごさんじょう》)は日に二、三度も「殿上《てんじょう》に誰かいるか」と蔵人《くろうど》にお尋ねになり、その都度「左大臣がおります」と返事が返ってくる、これが日を重ね月を経たある日の夕方、また「左大臣候」ということで、お前にお召しになった。珍しいことだが何事かと、師実は気を引き締め衣装を調《ととの》えて参上した。そのまま、御二人の間でどうということもない世間話が続いたが、夜も更けてから「娘はお持ちか」という主上のお言葉が出た。「特別に目をかけている女童《めわらわ》がございます」と師実が答える。養女賢子である。(その血縁関係を慈円は詳しく説明しているが省略)。すると、

「そういう娘がいるのなら、早速に東宮に入れるべきだ」。

承って、左大臣は舞い上がってしまった。後三条と頼通は仲たがい状態だし、このままでは摂関家もどうなることか。「世間（政権のこと）もおぼつかなかりつるに」と心配していた矢先、これで「今はひしと世は落ち入りぬる」（政権は安泰）とばかりに、師実は夜をついで宇治に報告に向かった。これで、父上の御安心はいかばかりのことか。宇治の頼通は頼通で胸騒ぎがして、「京の方で何かあるのではないか」と見に行かせた。京の方角から大勢の松明《たいまつ》の火がどんどん近づいてくるという。先ぶれも物々しい一行が到着した。左大臣は正装で父親に対面してことの次第を報告する。すると、父頼通ははらはらと涙をこぼして、「世の中おぼつかなかりつるに、あはれなおこの君はめでたき君かな」と喜びひとしおであった。「すぐに支度して娘を入内《じゅだい》させよ」と感涙にむせんだのだった。東宮とは後の白河《しらかわ》天皇のことで、師実の娘賢子は女御《にょうご》から后に立てられ、堀河院の御母となられた。

この逸話を詳しく書いて慈円の筆もいささか興奮気味で、続けて次のようにコメントしている。「後三条ほどの聖王だからこそ、ことの結果がどこに落ち着くかをしっかりと見据えたうえで良き御処置をなさるのだ。摂籙の家、関白摂政をただわけもなく憎み遠ざけようなどと、どうしてお思いになろうか。ただ器量の良し悪し、道理の軽重だけを目安にして御沙汰をしておられる。それなのに世の末のこと、近臣の愚者どもが、王と臣下とが仲たがいするようとにばかり画策するので、世の政治は衰退していくのだ」（199）。

このように、慈円は先の逸話をむしろ摂籙の臣の器量を示す出来事のごとくに紹介している。だが、いま読むならば、何とこれが権力の頂点にある者たちの政治のありようかと、ほとんど呆れてしまう。左大臣ともあろう者が用もなく殿上に日参することが、何で政治なのかと。しかし振り返れば、王臣間の娘のやり取りこそが政治だったのであり、宇治殿頼通が感涙にむせぶ姿、慈円の筆の興奮ぶりにはやはり、それなりのリアリティーを感じさせるものがある。読んでいてこれは認めざるをえない。それに、摂関政治の黄金時代も傾きかけて、晩年の頼通と後三条天皇との間に深刻な齟齬が生まれている事情が、このエピソードの背景をなしている。摂政が宇治に隠棲し左大臣が内裏でボケっとしている日々は、政治が後一条天皇の有能な近臣たちに奪われている現実の現れとも受け取れるのである。「世の中おぼつかなかりつるに」ということである。

ついでながらエピソードをもう一つ。同じく後三条の短い御代のことだが、『愚管抄』は珍しく朝廷の荘園政策に触れている。延久《えんきゅう》の荘園整理令に伴う記録荘園券契所《けんけいしょ》設置のことである。諸国おしなべて宣旨官符もなしで公田を掠め取っている。これは「一天四海の巨害なり」と後三条が思し召してのことであろう。当然、摂関家の所領の集中が問題になる。ところが、荘園の発券文書を問われて「なんじょう文書かは候ふべき」（なんで証拠文書などありましょうか）と頼通には開き直られてしまった（195）。関白の身分として率先して仰せに従うべきだから、どうぞどうぞ当家の荘園は一切廃止されたいと捨《す》て台詞《ぜりふ》まで吐いた。困惑した後三条は頼通家の荘園は適用外と宣旨を下してけりをつけた（実際は摂関領にも適用したという）。「この御沙汰をばいみじきことかなとこそ、世の中に申しけれ」と慈円は記している。ここでもまた、ことは摂関の器量に関するエピソードに終わっている。

頼通の執政は後一条、後朱雀《ごすざく》、後冷泉《ごれいぜい》三代にわたり、後三条院にまで五十年ばかりも続いた。この間は概して世の中は穏やかだった。そのためもあろう、『愚管抄』には朝廷社会の人事が再び縷々綴られているが、これは省略する。さらに、『愚管抄』は巻第四に入っても道長と頼通の時代の朝廷人事と人脈、とりわけ後三条をめぐる婚姻関係を長々と記している。慈円のコメントはたまにあるだけで、それもごく短い感想なのでこれも省略する。

それにしても、宇治殿（頼通）晩年の後三条天皇との確執に、どうして慈円は繰り返しこだわったのだろうか。「宇治殿などは後冷泉院の時に、しっかりと政治を掌握された後には、少しばかり君を侮ることもあって国政を我がことと思っていた節もあったようだ。

そう感じて、確かに蔑《ないがし》ろにされていると受け取った後三条院は、今はともかく退位してその後にご自分で世を治めようと意図された。確かに御両人はたがいにそうは思ったけれども、その度に落ち度を改めては王道を保ちえて、国政はその都度よろしく決着がついたようにお見受けする」(334)。

明らかに、後三条の治世を境目にして院政が始まり、慈円はここに政治が末代に入ったことを感知している。これまでにもむろん、君臣魚水合体の政治にほころびが生じたことはあったが、その都度摂籙の臣の尽力で正道に復帰したと慈円は解釈することができた。後にこの時期の道理をまとめて、慈円はこう書いている――「これはよしと思ひてしつることの必ず後悔のあるなり。その時道理と思ひてする人の、後に思ひ合はせて覚り知るなり。これは敏達《びだつ》より後一条院の御堂の関白(道長)までか」(325)。一千年に及ぶこの長い期間、政治には「覚り知る」という復元力が働いた。この力こそ、神々の約諾という冥の道理がその都度政治の感応を呼び覚ましたことにほかならない。つまりは慈円の政治の理念が生きていた。

だが、理念としても現実政治の面でも、それがいま「おぼつかない」。院政という政治が始まろうとしていたのである。確かに、すでに道長執政の一条天皇の御代には「世の中の変わり目」を告げるように、まがまがしい出来事が相次いだ。彗星の出現、大嵐(永祚《えいそ》の風）、山門の僧同士の争い、そして正暦五年（九九四）から翌年長徳元年にかけて「大疫《だいえき》癘《れい》起こりて都鄙《とひ》の人多く死にけり」ということがあった（183）。すべて一条の御代の前半に起きている。疫病では主立ちが八人も亡くなったと、『愚管抄』はそれぞれの享年を列挙している。とはいえ、これら八人は「よくもなかりける人」、ろくでもない評判の人たちであったし、道長が政治を落ち着かせてことなきをえた。大体、彗星という天変は「世の中がよくなろうとしているときに、その予兆として起こる災いだ」と慈円はコメントしている。天災や飢饉疫病が天と地からする為政者への警告であり、狭い社会に内閉した政治を脅かす外部からの介入だという見方は、慈円には浮かばない。

ところが、慈円の政治理念を内外から脅かす時代が、すぐそこまで来ていたのだ。

第三章

日本国の乱逆

——保元平治の乱

1　世も末の政治

さて、朝廷の政治は大きく様変わりして、院政の時代へと推移する。慈円の概括的な時代評価は次のようだ。

末代に入って政治が大きく変わり目を迎えるのは後三条院の御代の末のことである。それまでは政務は臣下に任せ、摂籙の臣が専ら政治を執り行い、天皇は宮廷の奥深く籠っておいでであった。だが、これでは末代の人の心は治めがたい。退位の後には天皇は太上天皇として政治には関わらないという慣行は、あれこれの道理に照らしてみてよろしからずと、後三条天皇は思し召したのであろう。よくは知るよしもないことだが、この道理が天皇の叡慮に反してこうなったのだ、などということはよもやあるまい。昔は君は賢くも政治の筋目を立て、摂籙の人は一点の私心もなかったものだ。それが世の末には、天皇は幼少で即位して、四十歳以上まで皇位をまっとうした例など聞いたこともない。その政理に関しても、何ほどのこともない。（188）

後三条天皇は皇太子として二十年余を過ごして、即位時には三十五歳と立派な成人であった。ただし、後三条は院政を布くまでもなくすぐに没して、本格的な院政は次の白河院からとなる。それにしても、世の末、末代という言葉がかように頻出するようになる。慈円にとって院政とは何よりも末代の政治の形である。仏教の教理上、仏も仏法も絶える「末法」の世が永承七年（一〇五二）から始まると観念されていた。慈円の繰り返す「世の末」もこれを踏まえて使われているが、それだけではない。幼少で即位する天皇に代って太上天皇が長く院政を布くような政治形態では、摂籙の位置はどうなるのか。摂籙の臣は天皇の代わりに新たに院を補佐し、従来の魚水合体の政治体制を再建できればいいようなものだが、そうはならなかった。天皇をはじめとした人事権を院が独占する。藤原家の氏の長者までも院が指名するようになる。摂籙に代わって院の近臣たちがその専制政治を支える世になったのである。「この時代に国政を治める君と摂籙の臣とが一つ心で、返す返す食い違うことがあってはならないはずであった。ところが、これとは別に院の近臣というものが男女を分かたず現れ出てきて、彼らが君と摂籙との間に割り込んで、王と臣の仲をいかにも悪く言い立てた。近臣でも（源）俊明《としあき》卿までは立派な人物がいたことが偲ばれる。近臣の横暴を抑えることが結局は君のなさるべきことだ」（332）。このように、末代は仏法衰滅の時代であるばかりか、何よりも摂籙の政治そのものの失墜だと懸念されていた。

そうなれば、院政とは慈円の政治理念が失効する政治になるはずである。慈円の理念とは、天皇家と藤原家が心を合わせて政治を執るという神々の約諾が冥界の道理となり、良くも悪しくも現実の政治はこの道理に感応して動くというものであった。神話に道理を預けた神がかりとはいえ、これが現実政治の紆余曲折を評価する慈円の規範となるべきはずであった。これまで道長・頼通の時代まで、『愚管抄』は無理をしてでもこのロジックを押し通そうとしてきた。ところが院政となれば、そもそも摂籙家の立つ瀬がない。これから見ていくように、上皇（法皇）と武者、両者を介在する近臣男女という政治体制であり、摂籙はこの間で右往左往するほかないではないか。であれば、慈円の政治論にもこれまでの柱が抜けてしまう。大体が、以降はもう、かの神々の約諾なる文言が『愚管抄』に登場することもない。保元の乱について、「このことの次第とその原因を考察することが、この書物の眼目である」と、慈円は位置づけているが、以降は政治の不動の基準が失われている。時代は慈円にとっても文字通りに乱世なのである。慈円の筆も一貫せず「アナタコナタ」していくだろう。

もう一つ、以上のことにも関係するのだが、以降『愚管抄』は慈円のコメントを欠いて記述的になり、それも格段に具体的で詳しくなる。身近な時代である。それに、慈円は噂を集め関係者から聞き書きを行っている。些細なことも含めて、当時の同時代史としても合戦物としても面白く読める。『愚管抄』を歴史書と見れば史料の宝庫にもなるだろうが、もっぱら慈円の政治論を追う本書では史実いかんは論外とせざるを得ない。

2　上皇と近臣ども

さて、院政は白河上皇から本格的に始まるが、白河から後白河までの院政は長い。白河は延久四年（一〇七二）から応徳三年（一〇八六）までが天皇、以降大治四年（一一二九）まで院政を布いた（四十三年間）。次の堀河は在位一〇八六―一一〇七年で亡くなった。次いで、鳥羽は在位一一〇七―一一二三年、院政一一二九―一一五八年である（二十九年間）。次が後白河で、その波乱に満ちた院政は（中断をはさんで）一一五八―一一九二年まで三十四年間に及んだ。白河上皇は七十七歳まで生きて政治を行い、鳥羽は五十四歳、後白河は六十六歳まで君臨した。慈円は上皇の寿命の長さを上げて、院は国王としてでなく天皇の臣下として振舞ったために長命なのだと、いささか意味不明のコメントをしている

(333)。まるで上皇・法皇は摂籙に代わって天皇の臣下の位置に立ったみたいな言い方だが、これは詭弁であろう。後白河の次が後鳥羽である。即位が木曾義仲の上洛の年寿永二年（一一八三）で、院政は建久九年から承久三年の配流まで（一一九八―一二二一）二十三年になる。

慈円が末代への時代の変わり目だとして、後三条天皇と頼通との対立（意趣）にこだわったことは前章でも触れた。両者の底深い齟齬のことに気づいているのである。だが、慈円の視点はここでも人物・人脈である。そもそも、後三条天皇は摂籙からは離れた血筋であった。慈円はこの天皇の類縁関係をくどくどと記した後に述べている。九条殿（師輔）の嫡流たる摂籙の血筋を離れて、閑院《かんいん》流から世継ぎの天皇を出すようになる初めが後三条の即位であったと。白河天皇を産んだ後三条の妃茂子の父は公成《きんなり》（能信は茂子の養父）であり、公成の祖父公季《きんすえ》から始まるのが閑院流である。これにたいして道長たち摂関家嫡流は公季の兄兼家からの家系である。けれどもむろん、皇統のこの交代の基底ではもっと深い時代の変化が進行していた。慈円の政治論の大きな曲がり角に注目するために、ここでしばらくは歴史学を参照して、院政の背景を押さえておきたい。

この章と次章では以下の書物を参照した。

元木泰雄『保元・平治の乱を読みなおす』、ＮＨＫブックス、二〇〇四年。

下向井龍彦『武士の成長と院政』、講談社学術文庫、二〇〇九年。
岡野友彦『院政とは何だったか』、ＰＨＰ新書、二〇一三年。

まず、慈円が摂籙家の仇敵のごとくに引き合いに出す院の近臣である。後三条天皇は頼通との血縁が薄いだけでなく、即位したときすでに三十五歳であり、それまでの幼主と違って独自の政治を目指していたという。そのために有能な近臣を集めた。近臣は上級貴族から諸大夫クラス、北面の武士、さらにただの不満分子に及んだ。「院は、その専制権力を手足となって支える院近臣と呼ばれる寵臣集団を作り出した。彼らは院庁の職員である院司《いんじ》（別当・判官代《ほうがんだい》）や院殿上人・院北面となって院側近に近侍し、その才能・職能・身分に応じて、院の政治的助言者となり、身の回りの世話をし、天皇・摂関・貴族・官司・寺社との連絡役となり、院庁での文書の作成・保管、院領荘園の管理を担当し、院御所の北面に詰めて宿直警固にあたった」（下向井、二二七頁）。院政はたんなる私的な家政ではなく、政治中枢を掌握したのである。そして、専制政治が長く続けば取り巻きたちに腐敗がはびこる。「近臣ども」の害悪を慈円は非難して止まないが、たんに摂籙身贔屓《みびいき》だけの意見ではなかったろう。

ではどうして、この時期に院政のような政治体制が成立したのか。やはり、荘園という存在が院に富を集中させたことに注目せざるをえないだろう。「院近臣は若年で叙位され受領に任じられると、成功《じょうごう》（造営費などを提供して希望官職に任命されること）によって重《ちょう》任《にん》（再任）や相博《そうはく》（任地の交換）を繰り返し、熟国《じゅくこく》（実入りのいい国）を指定席のようにたらい回しにして巨万の富を蓄えた。そして院は彼ら近臣受領に御《ご》願寺《がんじ》や殿舎を造営させてその富を吸収した」（下向井、二三〇頁）。後三条天皇による延久の荘園整理令のことは慈円も触れている（前章）。これは国衙《こくが》領と荘園とを弁別整理する法令であり、両者の領有関係を記録荘園券契所で審査した上で後三条が裁可する。いいかえれば荘園の国家的承認である。律令制の公地公民制による限り、全国の土地の領有権は天皇にあったはずだが、この領有権が権門勢家に割き取られる時代に入っていた。在地領主たちが受領を通じて荘園を権門に「寄進」する、そして権門がそれを国家的に承認（発券）する勢いがもう誰にも止められない。律令制が崩れて官人への国家給付が成り立たなくなれば、権門をはじめとしてそれぞれが荘園領有を基盤にして「家」として自立する。権門では「家政」が独立して、その下に家司・諸大夫がまた家として繋がることになろう。

　このように、荘園とは権門勢家が国土の領有権を国衙領から分割して世襲する新たな国家的土地領有システムであったという。そして、その最大の権門がほかならぬ院とその一族であり、その経済力が院政を支えその専制を強化した。鳥羽院の膨大な荘園とこれを譲られた皇女の八条院は有名である。ところで、天皇その人はどうなのか。天皇は在位のままで荘園領主となることはなかったという。それは公地公民制をたてまえとしている以上、国土国民はみな天皇のものであり、そうである以上国土の一部を改めて天皇の私有地・私有民とすることはありえなかったからだという。「そのため、天皇家の家長がそれらの荘園をより確実に領有するためには、一刻も早く皇位を退き、上皇という自由な立場に立つ必要があった。十一世紀後半、本格的な荘園制社会の成立とともに、院政という政治形態が始まるのは、けっして偶然ではない」（岡野、二八頁）。

院政という政治体制はこうして自立するとともに、上皇（法皇）は皇位継承権をはじめとする人事権を摂関から奪って独裁した。北面の武士を中心とした軍事力も掌握する。頻発し始める僧徒の乱暴など「朝家大事」に対処するのも院の決断次第になる。同時にこの間、受領を通じて都に集められた富を投じて、院はそれこそ狂ったように仏事（造寺造仏と法会《ほうえ》や熊野詣でなど）に没頭した。といっても、院政は摂関家に敵対してこれを打倒する革命であったわけではない。協調関係は維持されるが、院の専制を前に摂籙の家の影が薄くなる、そしてそれこそが慈円の問題だった。後三条天皇と摂政頼通との関係につき、一種奥歯にものの挟まった言い方でこだわった『愚管抄』の記述が反映しているのもこの現実だったろう。

それかあらぬか、白河の即位から保元の乱までのおよそ八十年間が院政の絶頂期であったはずだが、白河、堀河、鳥羽三代にわたる期間について、『愚管抄』の筆はまことにあっさりと通り過ぎる。というより、摂籙の比重の低下とともに政治にたいする慈円の筆の拠りどころが失われて、判断停止状態が始まるのである。代わって、慈円の記述はより狭く私的に、院近臣にたいする非難そして摂関家同士の内部争いに終始するようになっていく。九条師輔の子で閑院流を起こした公季の子孫（公実《きんざね》）が、鳥羽の即位の時に高望みして摂関の位を狙った。白河の生母が公実の叔母であり、公実の妹が鳥羽の母となっていたから白河院も贔屓にしていたという。しかし、白河院にこれを思い止まらせて摂政を忠実（慈円の祖父）に続けさせた功績は、もはや摂関家の力ではなかった。院近臣で唯一慈円が称賛する俊明大納言の進言によったと慈円は書いている。閑院流への軽蔑をあらわにした筆使いでこの逸話を伝えている。「閑院流などはひとえに凡夫として振舞って代を重ねてきたのであって、摂政とはこんな家系の人間がなれるような官職だろうか。とんでもないことで、こんなことは昔も今もあるべきことではない」(203)。内輪もめに相当するこうした物言いは『愚管抄』のこれからにしばしば顔を出すようになる。

鳥羽院の時代から、比叡山の大衆《だいしゅ》が神輿をかざして京に攻め下ることが起こるが、『愚管抄』はこれも指摘するだけである。白河院をはじめとした御願寺（六勝寺）の造営ラッシュについても、これをことさらに称賛することはない。こうして、白河院政のもと摂籙臣は慈円の祖父、忠実《ただざね》の代になる。

3　四分五裂する君と臣

さて、『愚管抄』はあっさり通り過ぎるだけだが、この院政期こそは慈円の政治理念を破綻させる要因を内部に育てていた。これが思いもかけぬ形で表面化するのが、保元の乱であった。「保元元年七月二日、鳥羽院失せさせ給ひて後、日本国の乱逆《らんげき》といふことは起こりて後、武者《むさ》の世になりにけるなり」(206)。有名な『愚管抄』の言葉である。これまでも日本国には乱逆合戦は多かったとはいえ、将門の乱などみな辺地の出来事にすぎなかった。それが、「まさしく王臣都のうちにてかかる乱は鳥羽院の御ときまではなし。かたじけなく哀れなることとなり」(207)である。驚天動地の動乱だったことは想像に難くない。『愚管抄』はこの乱の経緯と原因を探ることを第一の眼目にして書いたと慈円も述べている。

とはいえ、保元の乱（一一五六年）も平治の乱（一一五九年）も武者が主役で起こしたものではない。慈円の言葉の通り、武者の世になるのは乱の後のことである。そうではなく、ほかならぬ王臣合体の日本国の政治が、それ自体のうちで破綻を露呈したのがこれらの乱であった。王と臣との対立ならばこれまでもあったことだし、その都度摂籙が器量を発揮して正道に戻すことができた。「めでたく上も下も計らひ心得てこそおはしませ」であった（207）。しかし、摂籙の家の歴史観から見て最悪なことに、王家と摂関家の離反対立ばかりか、今度はそれぞれのうちで分裂が露呈して政治が四分五裂の状態に陥る。こうして王家と摂関家そのものが権威を失墜していく。これが保元平治の乱の性格だった。慈円の政治の道理では処理に困る状況だったはずである。

　王・臣の家それぞれの分裂の兆しは、白河の院政末期に表面化して、鳥羽院の没後に一気に武力抗争に発展した。保元の乱勃発まで、慈円の筆はこの内紛を次のように描いていく。「ことの起こりは、後三条天皇が宇治殿頼通の気心が知れないと思ったことに根ざしている。といっても、王と臣が反発し離反したことはなかった。天皇も臣下もよくよく協力しあって政治を行うようにしていた」。だが、鳥羽天皇が即位してその妃として娘を差し出すよう白河院に命じられた知足院殿忠実（頼通後継の摂関）が、何故かこれを固辞した。これに腹を立てて、白河院は養女璋子と忠実の嫡男忠通《ただみち》との婚姻を破棄して、この娘を鳥羽に入内させてしまった。璋子は後の待賢門院であり、この人は崇徳《すとく》天皇と後白河天皇の母となる。ところが、鳥羽天皇は在位の末期になって、再度忠実の娘の入内を推し進めようと謀ったのである。白河院が熊野詣でで留守をしている最中である。白河院は怒った。「自分が寄こせと言った時には肩をゆすって断ったくせに、今度は自分の知らないところで同じことを進めるとは何事か」。腹立ちのあまり、帰京するや関白忠実を勘当し、内覧を停止して閉門の処分にしてしまった（209）。忠実は以降十二年間宇治に蟄居《ちっきょ》の身となる。白河院はやむをえず忠実の嫡男忠通を関白の跡継ぎにしたのだった。

さてそれから、五歳の崇徳天皇が即位して白河法皇は崩御、そして鳥羽上皇の院政が始まった。その鳥羽院と天皇崇徳とは親子ながら仲が悪く、新院崇徳の後の天皇近衛の没後、その後継から崇徳の嫡男を締め出して（崇徳と兄弟の）後白河を「中継ぎ」に選んでしまった。鳥羽と崇徳、王家内部の対立である。一方、摂関家では追放された関白忠実の跡を嫡男忠通が継いだが、忠実はこれを嫌って次男頼長《よりなが》をえこ贔屓し、強引に氏の長者と内覧の位置に据えた。摂関家自体の分裂である。以上の四分五裂状態が、鳥羽院の没後にわかに後白河天皇・忠通と崇徳上皇・忠実・頼長の敵対関係を現出させた。双方が手下の武士たちを使って合戦に及んだのが保元の乱であった。加えて、鳥羽の新たな后の美福門院《びふくもんいん》が院近臣の信西《しんぜい》らと結んで後白河方に付いた。

慈円は朝廷一家の以上の複雑な内訌を主役たちの振舞いを通して記述しているが、その

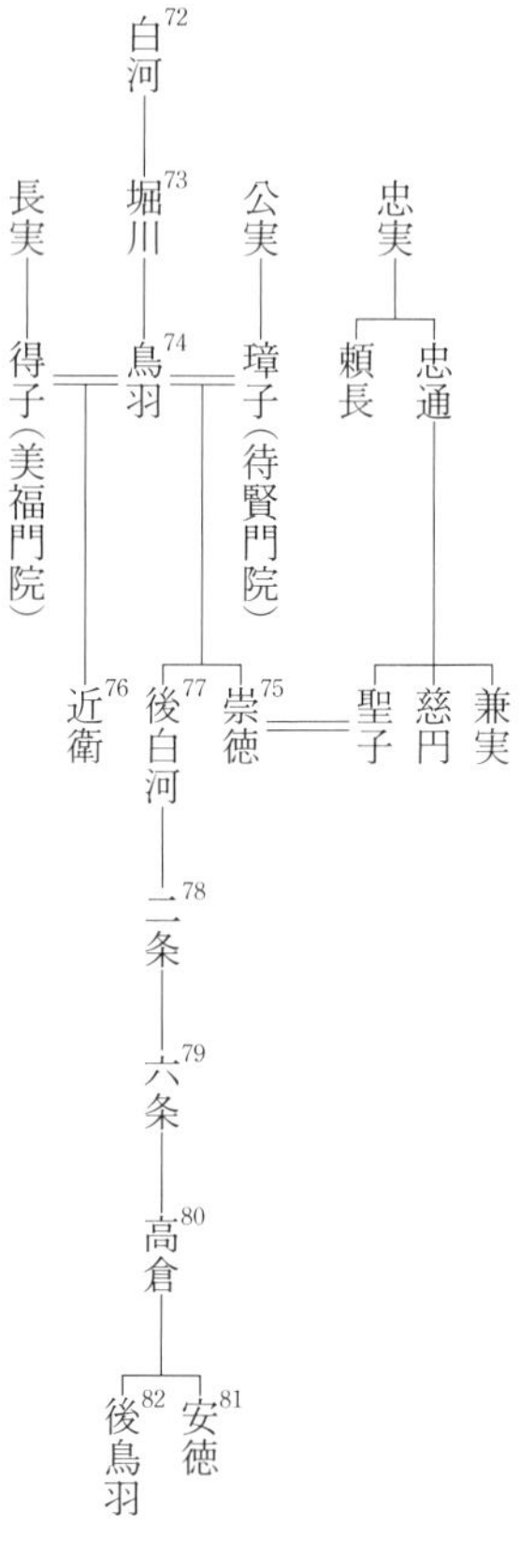

まとめとして次のように書いている。「こうして、世を治める太上天皇（鳥羽院）は新院崇徳の嫡男でなく後白河天皇を立てるし、摂籙の親である前関白忠実は忠通を押さえて頼長を贔屓にするという始末で、それぞれに御子のうち兄（崇徳と忠通）を憎んで弟（後白河と頼長）をえこ贔屓する形で、天皇・摂関の人事というこの天下の一大事を処理したのである。これも末世の時運のしからしむるところであった。しばらくの間は、鳥羽院と忠実とが御心を一つにして統治を続けたのだが、保元の乱という巨害がこれまでの政治をめちゃくちゃにしてしまったのである。ただし、鳥羽院の在世にはこの内乱合戦を目の当たりにせずに済んだ」（216）。『保元物語』の言い方によれば、「君と君との御仲かくの如し。

臣と臣との仲もまた不快」（永積安明・島田勇雄校注、日本古典文学大系31、岩波書店、一九六一年、六三頁）ということになる。

このような分裂状態はこれまでの摂籙の家の歴史でも前代未聞のことだったし、とりわけ慈円の政治理念（君臣魚水合体体制）の現実的破綻を意味していたはずである。しかし、慈円の見方はここでもまだ自身の理念に固執している。以上に述べた天皇家と摂関家双方の分裂と両者合体政治の破綻も、結局は院政の過失のせいにしている。巻第七にまとめとして次のように書かれているとおりである。

この間、白河院は忠実と仲たがいし、ひどい仕打ちだが蟄居させてしまったうえに、子の忠通を父忠実から引き剝がすようにして処遇した。君臣の道理に反した（僻事の）この処置のために、まったくのところ世の政治が失われてしまった。これを思うに、冥と顕の世界の道理が邪神と善神のごとくに背反してしまい、それが君臣のうちにこもると同時に政治に表面化したのだ。鳥羽院はしかし、最後には分かったのであろう、政治を忠実とよく相談され、その申すままに後白河を即位させて、政治を立て直すはずであった。ところがである。このようには世が治まるはずのない道理だったのだろう、日本国の天下の運も尽き果てて大乱が発生、まったく武者の世になってしまったのである。
（334）

4 君と君、臣と臣の戦い——保元の乱

慈円の政治理念にとって、保元平治の乱はこのように重大事件であった。『愚管抄』が綴る歴史に沿って振り返って見ても、遅くとも不比等から五百年近くも続いてきた藤原摂関家の覇権が、武力抗争の土壇場に立たされているのである。それかあらぬか、慈円は事件の経緯を熱心に調べて記述しており、『愚管抄』のなかでも特異な部分をなしている。慈円は同時代の記録として平信範《のぶのり》の日記『兵範記《ひょうはんき》』を読んでいただろうし、今では失われている中納言雅頼《まさより》の日記を思いがけず見ることができたという。さらに、当事者がまだ生存している時期であるから、事件の聞き書きをしている。噂をうのみにしてはいけない。「かようなことについては世間で人が話していることと、直に尋ねて聞き取るのとでは違いがある。あれこれを考慮の上で聞き取れば、事件の実相をあるがままに知ることができるようになるものだ」と書いている（223）。実際、臨場感たっぷりに合戦の一場面を描いてもいるのである。細部を重視するルポルタージュの手法であろうか。こうしたわけで、

現在でも、『愚管抄』は保元平治の乱を研究するときの欠かせない史料になっているようである。

では、慈円の筆になる保元平治の乱とはどのように展開しただろうか。以下に摘要する。記述の詳細さと対照的に慈円のコメントや評価がほとんど見られないことに、あらかじめ注意しておきたい。代わって、私の注釈をそれと分かる形で付加する。もう一つ、乱の史料として周知の『保元物語』と『平治物語』がある（以下、テキストは、永積安明・島田勇雄校注、日本古典文学大系31）。これらはもともと戦乱の年代記のように書かれたものだが、その後に『平家物語』の先駆となる語り物として物語的潤色が重ねられて現在の形になったのだという。以下では両物語を参照するときがあるが、潤色部分は避けて年代記に当たる部分だけ用いるようにする。この部分は『愚管抄』の記述とほぼ並行しており、成立年代もまずは同時期と考えられている。

さて、まずは保元の乱、『愚管抄』の記述を時間の順に抜き書きする。

（1）鳥羽法皇の崩御　保元元年七月二日

「この君をはしまさずは、いかなることとか出でこんずらん」（217）。何かとんでもないことが起こるのではと、貴賤老若がささやき合っているなかで、鳥羽院が没した。内大臣宗《むね》能《よし》が「ただいま世は乱れ失せようとしております。よくよく今後のことをお計り置きください」と申し上げたというが、院自身も危惧することがあったのだろう。北面の武士、為義や清盛ら十人ほどに、美福門院への誓文の提出を命じた。この頃小納言信西という抜群の学者が院近臣として頭角を現していたが、鳥羽院は必ずしも信西を重視せず、むしろ美福門院や摂籙忠通ほかの諸卿が「一つ心にてあるべし」と申し置かれていた。

鳥羽院崩御と共に何かが起こるのではと、朝廷社会ばかりか京の巷《ちまた》に不安が昂じていた様子である。それが早くも、崇徳院が鳥羽の見舞いに訪れた際の両陣営の衝突事件として現れた。『愚管抄』は聞き書きも含めてこの場面を詳述している。衝突のことを女房が報告すると、鳥羽法皇は「御目をきらりと見上げてをはしましたりけるが」、これがまさしく最期になったという。なお、このくだりは『保元物語』には見えない。

（2）新院崇徳謀反か　七月九日

鳥羽離宮の田中殿《たなかどの》にいた崇徳は、九日に鳥羽を離れて俄かに上京して白河の御所へ押し入る形で引き移った。宇治にいる頼長と連絡を取った上でのことだろう。一方、「さればよ」というわけで内裏には関白忠通以下の後白河方の公卿たちが「ひしと参り集いて」、先に誓文を提出した武士どもが警護を固めた。頼長の上洛を阻止すべく武士に命令を発したがこれは間に合わなかった。頼長はこの夜半に崇徳陣に合流した（219）。

「こはいかなることのあらんずらんと、まことにもっておぼつかなし」、京中は「上下騒ぎ迷ふことなのめならず」とは『保元物語』の記述である（日本古典文学大系、六七頁）。これによると、すでに去る五日、信西が宣旨により警備体制を敷き、四方の関を固めさせた。宇治方面には平基盛《もともり》を遣わして宇治橋を警護させ、早くもここで源氏の親治《ちかはる》と合戦に及んだ。合戦の詳細が語られている。『保元物語』は全体を通じて後白河側の首謀者信西の指揮を随所で指摘している。「仙洞《せんとう》（崇徳方）へ参らんずる者速やかに召しまいらすべき。もし召しに応ぜずんば、たちまちに誅罰すべし」と信西は検非違使に命じた。信西の方から崇徳にたいして明らかな挑発をしかけたのである。ただし、慈円の保元の乱の記述には乱の「首謀者」信西という見方はない。もう一点、『保元物語』の日本古典文学大系テキストでは合戦物語の脚色が主調となっている。大将がたがいに名乗りあってから合戦に及ぶ馴染みの語りである。勝つも負けるも、情緒たっぷりの美文の語りになる。語り物としては当然の作りというべきだが、以下ではこの部分は省略する。『愚管抄』には合戦の定型はもとより合戦そのものの記述はない。

（3）為義《ためよし》参上す

崇徳は近習の教長《のりなが》を使者として源為義をたびたび呼び出したので、為義は参りますと答えて、子息二人、頼賢《よりかた》と為朝《ためとも》を連れて参上した。これで、為義とその嫡子、後白河側に参集した義朝との親子対決が決定的になった（219）。

『保元物語』（七六頁）は崇徳の召集に為義が躊躇する場面を長々と語っている。弓矢の家に生まれ朝家の御固めとして召し使わるといえども「しぶしぶなり」のことであった。朝家への御奉仕は親は親、子は子ではないかと教長が説得する。しかしここで、親子相撃を躊躇する為義とは別のもっと実利的な意向が顔を出す。これまで長く朝家に仕えながら、地位と所領を望んで満たされなかったことを、為義は長々と訴えるのである。将軍の位を望んで許されず、伊予守、陸奥守を望んで許されず、すでに白髪の身になってしまったなどと、参戦の見返りを言外に要求した。参戦すればこそその所望は「無下にたやすきことにあらずや」と教長が約束して、ようやく為義は腰を上げたという。所領のために戦う武士団というものの姿がおのずと浮かび上がる場面である。合戦が始まりいよいよ為義勢が撃って出ようとするときに、頼長は為朝に蔵人の地位を約束したが、「物騒がしき除目《じもく》かな」と為朝が嘲笑ったという一場面も『保元物語』にある（九八頁）。

これらの場面は『愚管抄』にはないが、そもそも慈円はこの時期の武者というものに関心を持っていない。政治的に見て、所詮は摂関家あるいは朝廷に仕える暴力装置にすぎない。そして事実その通りだったのであり、保元平治の乱の基本は源平の合戦ではなく、朝廷一家の内紛が思いもかけず武力対決に至った事件である。『保元物語』は為義の息子鎮西八郎為朝を英雄に仕立てて平家との合戦を物語にしたものだが、慈円はもとより為朝などに関心はない。為義が頼賢と為朝を連れて参上したと記してはいるが、続く場面では「愚息二人」と為義にいわせているにすぎない。

（4）白河御所の議定、七月十一日

さて、崇徳院方では十一日に作戦会議が開かれ、為義が提案した。わが方は何とも無勢、わが郎等も皆義朝について行ってしまい、わずかに愚息二人の有様。こちらから行動を起こし、まずは急ぎ宇治に行き橋を落として戦《いくさ》を支える。さもなければ近江に下り坂東武士を待つ。これが遅れた場合は関東にまで下って足柄山を固める。それにしても、向こうは機をうかがっているのだから、せめても、内裏に向かって撃って出るべきである、「せめてならば、内裏に参りて、一当てして、いかにも成り候はばや」と為義が訴えた。これにたいして御前で頼長が押し止めた。「いたくな急ぎそ（そう焦るな）」、まだ何も起こってはいない。今は無勢に見えるが大和や吉野に兵の召集をかけており、やがて参るだろうから暫し待てというのである。為義は二の句が告げず「こは意外の御ことかな」と庭に控えていた。

この場面から、些事ながら、頼長と為義の位置関係が見える。為義ら武士は階の下、庭に控えているのである。対等の座での軍議などというものではない。同じ軍議の場面は『保元物語』にもある。ただし、為義が武勇の息子為朝を縷々紹介して、為朝のものとして内裏襲撃の提案がなされる。いわく、これまでの合戦の経験からして、ここは夜襲にしかず。夜明け前に内裏を襲撃して三方から火をかける。残る一方から逃げ出す敵は射殺す。そうすれば、「清盛などがへろへろ矢は物の数にてや候べき」というわけである。地方の武士団同士の私戦を通じて定着した、武士の常套戦術だったのだろう。頼長は「この条荒技なり」、乱暴な戦術だとして夜襲の提案を却下した。為朝の若気の至り、というわけである。そもそも夜討ちなどは「十騎廿騎の私いくさ」の戦術であり、今回こそは「主上・上皇の国争い」だというのが頼長の判断であったという（八四頁）。武士と貴族の対立するものの見方が現れた面白い場面である。

（5）内裏の公卿議定　七月十日

一方、後白河方、内裏高松殿でも十日の夜に作戦会議が開かれた。『愚管抄』出色の臨場感ある場面である。義朝がいらいらと頭を掻きながら切り出す。「どうしてまた、こんなふうにいつまでも待っているのか。作戦はあるのか」と（221）。こんな状態では戦にならない。まずはすぐ敵陣を襲撃して蹴散らした上でのことだと、殿上の公卿たちを急《せ》かせたのである。「ただ寄せ候なん」。だが、軍議は一日経《た》っても埒が明かない。信西が庭にいて「いかにいかに」と決断を迫る。殿上では、御前にかしこまった忠通は目をぱちくり、主上を見上げてはものも言えない有様である。実能《さねよし》・公能《きんよし》以下の公卿たちはこの様子を見守るばかりであった。そしてようやく十一日未明になって、忠通より出陣命令が下された。「さらば、とく追い散らし候へ」と。こうして、義朝、清盛、頼政らの軍団は勇み立って出陣した。

公卿たちはもう執政者としての判断ができない。それはそうだろう。大体が、政敵を陰謀でなく暴力によって打ち倒すことなどもう百年以上もやったことがない。それも今回は、れっきとした鳥羽院直系の上皇を討つというのである。前例も何もありはしない。関白忠通は一言もなく天皇を見上げ、これを何度も繰り返すが、後白河天皇だって決断できるはずがない。慈円はこの場面に何のコメントも加えていないが、期せずして政治の歴史が凝縮した瞬間を今に垣間見せてくれるシーンである。また蛇足ながら、義朝はいうまでもなく、信西もまだ庭に伺候して決断を促すことができるだけである。

この日の公卿詮議は『保元物語』にも並行記事がある。議定には末席に信西も加わっており、すんなりと出撃命令が信西を通じて義朝に下されたという。加えて、義朝の武士らしい振舞いがここでも展開される。この度の戦で忠孝抜きん出れば念願の昇殿を許すと、信西が天皇の意向を義朝に伝えた。これにたいして、後日の約束でなく今ただちに「宣旨下さるべし」と義朝は要求した。合戦の場に出れば「死は案の内のこと、生は存の外のこと」なのだから、ここに生きているうちに所望を達したい、これがあれば勇心も湧く。こう述べて、武具を付けたまま、義朝はやにわに階の半ばまで駆け上がってしまったという(九一頁)。この日、天皇は万が一を考えて東三条へ移動し。関白らも随行した。

5 義朝は親の首切りつ

(6) 合戦 七月十一日

さて、こうなれば一刻の猶予もない。ほのぼのと夜が明けるとともに義朝らは白河殿に寄せかけた(222)。崇徳方では頼賢・為朝が攻めては押し返され戦いを繰り返したが、多勢に無勢はいかんともしがたい。味方は敵陣を取り囲んで火をかけた。為義一党は東へ敗走し、崇徳は馬で仁和寺《にんなじ》に落ちる。頼長は矢を受け近所の民家にかつぎ込まれた。『愚管抄』は合戦とその帰趨を簡単に記した後に、頼長の最期の場面を聞き書きをもとに詳述している。加えて、この日ただちに天皇の命令で氏の長者を忠通に戻したという。「上の沙汰にてかくなることの初めなり」と慈円は短くコメントしているが、氏の長者まで藤原氏が自主的に決められない事態となった。ここでも、長い歴史が絶たれようとしている(222)。

なお、頼長は奈良方面に落ちて行く途上で蟄居する父忠実に会おうとしたが拒絶された。このように非情の措置をして忠実は摂関家を守ろうとしたのだが、それでも、乱の責任は免れ難い。『保元物語』（一七〇頁）によれば、信西を使者にして忠実配流の通告が関白忠通になされたという。しかし、息子忠通は苦々しく返答した。「かしこまって承りました。ただし、父を配流しておいて、なおその子が摂籙として朝務に携わるのでは忠臣の礼にもとること。しからば、その前に忠通の関白の辞表をお受け取りいただきたい」。このように忠通が抵抗したので、父忠実は流刑を免れて洛北の知足院閉居に減刑された。もともと、保元の乱は信西が仕掛けたようなもの、武士の分裂とともに、摂関家を引き裂いてその地位を弱体化する狙いが意図通りになったのだという。忠通は何とか摂関家の地位と所領を守ったが、朝廷内での発言権は大きく後退した（下向井、二七六頁）。

合戦の模様は当然ながら『保元物語』に詳しい。先にも触れたがこれは為義の子為朝の英雄物語だから、その剛勇ぶりが繰り返し語られている。あたかも、為義側の勝ち戦のごとき展開であり、最後になって唐突に為義降参の段になる。

（7）親の首を切る

為義は結局義朝のところに身を寄せたが、義朝が報告したので、天皇の命で即刻斬首の刑が執行された。世間では「義朝は親の首切りつ」と罵られた（223）。崇徳院は讃岐に配流された。院に近習していた教長は捕らえられて公式の尋問が行われた。太政官庁に召し出して、長者・大夫史《たいふのし》・大外記《だいげき》が控える前で弁官が尋問したのである。「昔の跡ありてなほいみじかりけり。この頃などさる筋あるべしとこそ見えね」（律令の太政官政治さながらで、近頃はとんとお目にかかれないことなので、殊勝なことであった）とは慈円のコメントである（224）。

『保元物語』はここがまさにクライマックス、武士が自らの親族を処刑する場面、崇徳院の配流先の哀れを、悲劇として盛り上げて長々と語って巻を閉じる。処刑をまとめれば、清盛は叔父忠正父子ら五人を斬首、義朝が為朝と兄弟五人、義康が平家弘ら父兄弟七人を斬首した。勝利すれば敵の一族を殲滅するのは合戦における武士の習いである。そうしなければ、後に必ず遺族から仇として狙われる。この作法に信西が悪乗りしたといってもいいかもしれない。

（8）死刑復活

「この内乱たちまちに起こりて、御方《みかた》ことなく勝ちて、咎あるべき者ども皆ほどほどに行はれにけり。死罪は止まりて久しくなりたれど、かうほどのことなればにや、行はれにけるを、かたぶく（首を傾げる）人もありけるにや」（225）。親兄弟に自ら手を下す、武士たちのその残忍な行為に目を背ける貴族は多かったろうが、それだけではあるまい。そもそも、武力を進発させて上皇を討たせることなど、公卿にとっては到底決断できないことであった。加えて、薬子の変以来の死罪を目の当たりにした。まして大量の斬首など前例順守の貴族にはできるはずがないことだったろう。武士の習いといってしまえばそれまでだが、背後に控えた乱の司令官、成り上がりの下級貴族信西だからできたことだろうか。

さて、以上が『愚管抄』の記述を中心にして見た保元の乱の顚末である。繰り返すが、これぞ『愚管抄』を書く眼目と慈円が述べた保元の乱である。だが、それにしては慈円は何を言いたかったのだろうか。時に事実のディテールにわたりながら、慈円自身の論評がここでは極端に乏しいのである。結局、事実に密着しようとするこの場面が、同時に慈円に政治的論評の足場を失わせる事件になったのである。それというのも、院政の爛熟が保元の乱をもたらし、この乱がまた院政を不安定化したのであり、結果として長年の摂関政治が失効する。摂関政治の失効とは慈円にとっては「武者の世」の到来であり、これは保元の乱がもたらした「巨害」なのだった。たんに摂関政治が院政に置き換わったのではない、政治というもののあり方（「この世」）がそもそも見失われてしまった。慈円の政治の理念がかくして二重の意味で破綻する。「コノ巨害ノコノ世ヲバカクナシタリケルナリ」であった。事実、理念の破綻だと受け止めているのだが、慈円はその意味を測りかねている。なぜなら、自身が育ってきた平安貴族社会の政治そのものの崩壊につながることだったからだ。

6 院近臣の内ゲバ――平治の乱

次いで平治の乱である。保元の乱終結から三年目、今度は勝利した後白河陣営の（武士を含めた）近臣同士の内ゲバである。保元の乱では慈円はなお後白河・忠通の陣営を「御《み》方《かた》」との立場で描いているが、その後はもう摂籙の家自体の影が薄くなるばかりである。慈円の政治理念はまったくのところその支えの一方を失ってしまうのである。

（1）執政信西

保元三年（一一五八）に後白河は二条天皇に譲位して院政を布くことになる。この譲位自体、もはや関白忠通はカヤの外で「仏と仏の沙汰」（『兵範記』）、つまりともに出家の信西と美福門院との密談で決めたことだという。

さて、この間後白河は仏事に凝っており、他方で、「ひとへに信西入道世を取りてありければ」（225）と『愚管抄』は記している。過ぐる乱の影の指揮官信西が晴れて政権を握ったのである。年来の宿願だったのであろう、荒れていた大内裏を修復した。大内裏修造はかねて忠通が命じられていたことだが、叡慮にかなわなくなったのだろう、この年には正式に摂政関白を辞任している。「それを信西がはたはたと折を得て、目出度く沙汰して」と慈円が書いているが、保元の乱を奇貨として信西による政権交代が行われたということだろう。内裏修造は諸国に負担をかけることもなくたった二年ほどで完了した。

「こはいかにと覚ゆるほどに沙汰しけり」（226）と、慈円は信西の手腕を無邪気に褒めている。「この間は信西自らが終夜算盤を取ってやりくりに余念がなかった。明け方まで算を取る声が澄み渡って聞こえて貴いことだったと人びとの評判になった」。このほか、内宴（宮中の宴）を復活し妓女の舞いがあり、「何とこれほどまでに」と感嘆させるほどの処置だった。御《ご》懺法《せんぼう》なども復活させた。保元の乱が武者の世を実現したのではなく、かえって乱後に朝廷社会の旧秩序が復活したのである。都大路も見違えるほどに修復された。慈円は述べてはいないが、後白河が「九州の地は一人のたもつところなり」と宣言したのはこの時である。

だが、慈円の政治理念からすれば信西などは下級貴族、院の近臣の者にすぎないはずである。あれほど近臣の害を非難していた慈円である。しかも摂関を引退させて信西が事実上これに取って代わった。手放しでこれを称賛するなど、自己撞着というほかないがその意識は慈円にはないようだ。

(2) 信頼《のぶより》、あさましき程に御寵愛あり

後白河は院政を布いたが、ここに「信頼という殿上人」が登場して、近臣として「あさましき程に御寵ありけり」という場面になる。傍目《はため》にも呆れるほどの寵愛を受けたということだが、男色関係の含みを持たせた言い方であろう(226)。信頼は中納言に出世し、北面の下っぱどもで信成《のぶなり》・信忠《のぶただ》・為行《ためゆき》・為康《ためやす》などという近臣も兄弟して頭角を現す。

信頼に対抗するかのように、信西の優秀な子息たち大勢もそれぞれに異例の出世を遂げた。ここに信西に対するに信頼という後白河陣営内部の対立が萌《きざ》し始める。信頼は源氏の義朝と「一つ心」の仲となり、急速に謀反に傾いて行った。『愚管抄』は信西、信頼両陣営の対立を婚姻関係の怨恨として描いている。義朝は信西の息子の一人を娘婿に望んだが、にべもなく断られ、あまつさえ、間もなく別の息子を清盛の婿に入れてしまった。平氏を贔屓にして源氏義朝を愚弄したのであり、ここに意趣がこもらぬはずがない。信西はやらずもがなの失策を犯したと慈円はいう。「こんな不覚を信西ほどの切れ者でもしでかすのだ。人間にはどうしてどうして力及ばぬことである。とにもかくにも、物の道理というものの軽重をよくよく理解して、行動を間違えないようにする以外に、対処のすべはあるまい。それも案件が一つであれば、しばらくはみな思い通りになろう。だが、二つ三つと問題が重なって悪いことが起こるとなると、その時に良くも悪くも結果が決まってしまう。

子息たちは昇進し自らは天下の執権を握り、信西はまさに栄華満ち足りた位置にあったのだから、義朝程度の武士に意趣を結んでどうするのだ。ここに運命の報いの時がきたのである。それに、腹黒いことが人間の欠点の第一であり、これが身を滅ぼす。信西がまさにその人間だったのだ」(227)。

なお、『平治物語』も両者の対立から物語を始めている。信西と義朝との婚姻関係のもつれに加えて、信頼が大臣と大将になることを望んだのに信西が妨げた、これを両者の「不快」の原因としている。また、信頼のことを「文にあらず武にあらず。能もなく芸もなく、ただ朝恩にのみ誇り」という有名な一文も『平治物語』にある(一九〇頁)。また、後に活躍するが二条《にじょう》天皇側近の経宗《つねむね》・惟方《これかた》は、二股かけてこの時期には信頼に取り入っていたという。

7　源平の前哨戦

(3)後白河院御所の襲撃　十二月九日

「さて、そうこうしているうちに、平治元年十二月九日夜、信頼・義朝勢は後白河の御所である三条烏丸の内裏を攻めた。信西が子息と共につねにここに伺候しているので、みな討ち殺そうと図って、御所を取り囲んで火を付けたのである」(228)。後白河院については、信頼が手配して大内裏の一本御書所《いっぽんごしょどころ》へ避難させた。態《てい》のいい幽閉であろう。信西の子息たちはそれぞれ何とか逃亡することができたが、信西自身は奈良方面に逃れて穴を掘って隠れているところを義朝方に発見され、自害して果てた。慈円はその現場を詳細に報告している。

「さて、信頼はしたい放題して、二条天皇を大内裏に迎えて政治を始めた。後白河院は一本御書所に据え置いたままで、早速に除目を行った」(229)。義朝は四位に昇って播磨《はりまの》守《かみ》に、息子の頼朝は右兵衛佐《うひょうえのすけ》に任じられた。『平治物語』によれば、信頼もかねて念願の大臣の大将になった。信西一族を討ち殺すだけでなく、信頼は天皇のもとでの権力奪取を狙っていたのである。これにたいして後白河院の処遇は二の次だったらしいのが印象的だ。既に乱の以前から後白河は信西の傀儡と化しており、いくら男色相手の寵臣だったとはいえ信頼はいまや後白河を見捨てて顧みない。こうしたなかで、朝廷では公教《きみのり》内大臣とその背後に実行《さねゆき》太政大臣など、「さもある人びと」つまり伝統的な為政者の面々が、「世はかくてはいかがせんぞ。信頼・義朝・師仲《もろなか》等が中に、まことしく世を行ふべき人なし」(230)と、語りあっていたが埒も明かない。

（4）清盛の帰京　十二月十七日

ところが、ここにもう一人の主役、清盛がいた。清盛一行は丸腰で熊野詣でへ出かけており、信頼たちの今回の襲撃は留守の虚を突かれた格好である。留守を狙われたのかもしれない。清盛らは急遽途中から武装しつつ帰途に就き、義朝らの迎撃もなく、十七日には無事六波羅《ろくはら》邸まで帰り着いた。東国からの軍勢が未着のために、義朝は何の手も打てなかったのだろうかと慈円は推測している。信頼の天下から八日が経っている。この間の公卿の様子は先に述べたとおり、しかも公卿のなかにもう忠通ら九条家の者は見えない。清盛の帰還の話は有名であり、『愚管抄』ももちろん『平治物語』も詳しく記しているが、ここでは省略していいだろう。

（5）天皇、六波羅邸へ　十二月二十五日

ここで、先に紹介した二条天皇側近の大納言経宗と検非違使別当惟方の暗躍が始まった。清盛朝臣は六波羅邸を固め終えたことだし、公教などと密談の上で、二条天皇を密かに脱出させて清盛のもとに連れ出す作戦である。清盛には信頼あてに臣従の証し（名札）を書いてもらった。「この間の行動からすれば、私めに何かとご警戒の念をお持ちかもしれません。名札を進上しないからといって、決して愚かな真似を致すつもりはありませんが、どんなことがあっても御処置に背きご意向に反することは致しません。その証拠として、畏れながら名札を提出する次第です」。信頼の返事、「返す返すも喜んで承りました。臣従の旨を知りえて、当方としても何事も申し受けるつもりです。願ってもないことです」(232)。すっかり騙されてしまったのである。

さて、十二月の二十五日、天皇の大内裏脱出と「六波羅行幸」の実行である。『平治物語絵巻』にも描かれている有名な場面を、『愚管抄』は臨場感のある筆致で描いている。神器ばかりか数々の秘宝まで運び出した。二条天皇が無事六波羅邸に入ったのは「ほのぼのとするほどなりけり」、夜が明け初《そ》める時刻であった。やがて、上西門院《じょうさいもんいん》(後白河の同母姉)も美福門院も抜け出してきた。公卿連中も、忠通も関白基実と共に、みな参上した。天皇と神器を中心にして朝廷正統の陣営が、ここ六波羅に固められたのである。これは信頼たちにとっては致命的なことだった。

後白河院もほどなく到着したというが、その経緯が注目される。『平治物語』によれば、翌日になって御書所にお迎えがあった。すでに主上は六波羅に行幸されましたが、院はいずかたへと問えば「仁和寺へ」との御返事。わずかの供をつれて戦々恐々の道行きである。「はかばかしくも仰せ合はさせ給ふ人もなし」と書き添えられている(二一四頁)。仁和寺経由で六波羅に御幸なったようである。この間後白河院は、完全に圏外に置かれていた。というより、最も信頼厚い二人の近臣、信西と信頼との間で、股裂き状態に陥っていた様子がうかがえる。身から出た錆といえようか。

（6）合戦　十二月二十七日

一方、「天皇は六波羅だぞ、六波羅だ」と清盛方が騒ぎ立てさせたので、内裏の信頼陣営は大騒ぎになった。慈円の形容では「虻の目抜けたるごとく」（234．目を抜かれた虻の群れのように）紫宸殿では周章狼狽、右往左往である。気がつけば、天皇も上皇もいない。太った大男の信頼は「こはいかに。この者どもに謀《たばか》られけり」と、モノに取り憑かれたように踊り上がり、床を踏み鳴らして怒り心頭に発したと『平治物語』が記している（二一七頁）。義朝は信頼に面と向かって「日本第一の不覚人なりける人を頼みて、かかることをし出しつる」（234）と悔しがり、信頼はこの無礼に一言もなかったという。

さて、時を移さず六波羅方は内裏へと討ち寄せた（235）。義朝の方でも「何としてでも六波羅にて一戦してこそは屍をさらそう」と討って出た。平家方は重盛《しげもり》が総大将である。義朝は一度は六波羅の板塀のところまで攻め寄せたのだが、戦いはそこまでであった。義朝は敗れて郎等十人ばかりで近江の方に落ちて行った。信頼は仁和寺に庇護を求めた。『愚管抄』の合戦記は保元の乱に比べても簡略なものになっている。一方、『平治物語』は当然ながらここからが本番である。保元の乱では為義でなく息子の為朝を主役としたが、同様に今回は義朝の子、悪源太義平《よしひら》を英雄にして物語を盛り立てている。平家方との一騎打ちの合戦の模様が繰り返し描かれ、ここでも源氏優勢の戦のごとくである。

（7）信頼、義朝の最期

義朝と一の郎等鎌田次郎正清《まさきよ》らは尾張にまで落ちのびて、正清の舅の家にたどり着いた。歓待されたが正清は裏切りの気配を察知して、「かなひ候はじ。悪しく候」（237）と義朝に告げて主人の首を切り、自らも自害して果てた。義朝の首は京に運ばれ獄門にさらされた。信頼の方はといえば、助けを求めた仁和寺から六波羅に差し出され、自己弁護にこれ努めたという。「世に世にわろく聞こへけり」（236）、醜態だったと慈円は書いている。直ちに六条河原で斬首された。公卿の死罪は長いこと前例がなく、これも貴族社会を震撼させる出来事だったろう。

なお、『平治物語』は京に残した娘たちへの義朝の配慮、義平と頼朝の運命、さらに義朝室の常葉のその後を描き、哀れを催して巻を閉じている。

第四章

摂関家の挽歌
——武者の世を追認する

1　摂籙臣の御事などは議に及ばず

保元の乱に続いて、平治の乱は摂関家の地位低下のダメ押しをした。その象徴的場面が、天皇以下の六波羅結集の日に記録されている。乱の経過を記した前章では省いたことだが、六波羅には忠通も子息で関白の基実（兼実、慈円の異母兄）と共に参上した。基実は叛徒の首魁信頼の妹の婿である。これを慮《おもんぱか》ってだろう、天皇と院の御前に控えた閑院流の三条内大臣公教が、上目使いに清盛にお伺いを立てた。「関白参上の由、いかが扱うべきか」。清盛が即答する、「摂籙の臣のことなんか議するまでもない。参上がないなら呼べばよろしいだけのこと。進んで参られたとは神妙なことだこと」。これを聞いた人は、「よく言うよ（あはれよく申すものかな）」と思ったものだと慈円は記している（233）。

六波羅陣営への摂籙の臣の登場場面は、私の訳とはニュアンスが違うのかもしれない。大隅和雄訳では清盛の返答は次のようになっている。「摂籙の臣の御事など何も御相談なさるにはおよびません。もしおいでにならなかったならばことさらにおつれしなければならないかもしれませんが、御自分で来られたのですから殊勝なことでございます」。これを聞いた人は「なかなか立派に意見を述べるものだと感心したという」（大隅、二五七頁）。この訳文に使われている清盛の敬語はこの通りなのだが、これでは慈円とともに清盛の度量が立派だと褒めているように聞こえる。私にはどちらとも判断しがたいが、あえて慈円にたいして意地悪く受け取っておく。ならば、平治の乱の帰趨が決まるこの日の夜明けの場面こそ、政治の主役が二条天皇と清盛とに様変わりしたことを象徴的に露呈している。摂籙の臣のことなど清盛はもう歯牙にもかけていない。そして、乱後にしぶとく巻き返すのは後白河法皇であった。慈円も総括している。

白河院の後は、政治は太上天皇の意のままに行われて、結局摂関が臣下のトップとして立つことがなくなってしまった。代わりに近臣といって、白河院の初めには俊明など立派な臣下もいたが、その末期には顕隆《あきたか》・顕頼《あきより》とかいう者どもが出てきたのである。それにまた、政治の根本であるはずの摂籙の臣にも、愚かで低い身分の者のように振舞う人も存在するようになり、悲しいかな、摂関は近臣に圧倒されて彼らを恐れ憚《はばか》りながら政治をする始末になった。たださすがに、昔からの余勢は強く残っていたので、鳥羽院から後白河院政の初め忠通までは、摂籙の臣の威勢は保たれていたと思われる。

（334）

事態が今やこのとおりだとすれば、これは慈円の政治の理念が破綻したことを示す以外の何ものでもないはずである。慈円にとって保元平治の乱の「巨害」とはこのことのはずであった。慈円の墨守してきた政治理念の現実的根拠、君臣合体の政治体制がその内部から、しかも身から出た錆によって崩壊する。その衝撃波がこの乱逆であった。とすれば、慈円は世の政治を見る枠組みを変更する、あるいは抜本的に拡大する必要に迫られていたはずである。だが、これは慈円のよくすることではなかった。

二つの合戦についての『愚管抄』の詳細な記述についても、同じことを指摘しなければならない。実際、合戦に関する慈円の筆致は細かに記述するだけで、武者とその合戦についての評価は何もない。『愚管抄』は「歴史書」であると一般に評価される理由がここにある。また、戦記物風だが武士の勇猛さと独自の倫理が称賛されるわけでもないし、その野蛮さが嫌われてもいない。『平家物語』の基調にあるとされる無常観などもまったく見られない。武士はなお権門の暴力装置にすぎず、二つの乱はまだ、貴族社会内部のことと認識されているようだ。

慈円は武士というもの、その合戦について判断基準を持てずにいる。続く源平合戦については、『愚管抄』にもはや現場記述はない。本格的な武士どうしの戦争の時代になる。

頼朝と鎌倉幕府成立以降は、ロジック喪失状態は深まるばかりとなろう。『愚管抄』が語る保元平治の乱は、『平家物語』まであと一歩のところで成り立つものだったろうが、この一歩はまた大きな断絶でもあった。

2　なお続く朝廷社会の暗闘

さて、平治の乱（一一五九年）から平清盛の覇権（治承三年のクーデタ、一一七九年）までの二十年間、後白河院と二条天皇、次いで清盛と後白河とを二つの焦点として朝廷諸勢力の複雑な暗闘がなおも続く。平治の乱の結果、後白河は近臣たち、信西とその息子たちと信頼《のぶより》などを一緒に失って政治的軍事的にいわば丸裸の状態である。誰からも無視されたままのその様子は先に垣間見たとおりである。それにもともと「中継ぎ」として即位した天皇であり、鳥羽王朝の正統な後継は次の二条天皇だと見なされていたのである。平治の乱では後白河は散々な状態に陥り、代わって、二条天皇の朝廷内に勢力を張るのが、美福門院と二条の近臣（経宗と惟方）である。二条天皇は院政でなく親政を目論んで八条院（鳥羽天皇の内親王で院の荘園を継いだ）の周りに近臣を集めることになる。「主上二条院世の事をば一向に行はせまいらせて」と『愚管抄』にある（239）。河内源氏義朝一党の没落に代わって、源頼政が内裏の守護職のまま八条院に結び付いた。これが後に以仁王《もちひとおう》の平家打倒の決起につながる。とはいえ、清盛をはじめとして誰もが心のうちでは「この後白河院の御世にて（二条天皇が）世をしろしめすことをば、いかがとのみ思へりける」という状態だったという（239）。清盛は一方では押小路東洞院の皇居を一族で警護するとともに、他方で院には蓮華王院を建てて進上する。分裂というより、誰もが日和見《ひよりみ》の挙動である。

後白河院は顕長《あきなが》邸に態よく閉じ込められた形となり、手持ち無沙汰なのか、ここに桟敷を設けて相変わらず「（八条）大路御覧《ごろう》じて下衆《げす》なんど召し寄せられ」ていた。だが、この桟敷も経宗と惟方によって閉鎖されてしまった。「政治を後白河院に執らせてはならない、すべて二条天皇の御沙汰であるべきだ」というのが二人の近臣の言い分だった（237）。院は巻き返しとばかり、「自分の政治生命はいまやこの惟方・経宗にかかっている。二人を縛り上げて連行してほしい」と、清盛に泣きついた。この場には忠通も居合わせたと慈円は付記している。清盛には清盛の思惑があったのだろう、二人を引っ立てて院の前で拷問に懸けた。二人の泣き喚く有様はひどいものだったと世間では噂したことだった。経宗は阿波へ、惟方は長門へ流された。また、これも清盛の成功《じょうごう》によって院は蓮華王院を造営したが、その落慶供養の日にも二条天皇の行幸が得られなかった。院は目に涙をいっぱいためて、「ああ、一体何が憎くて、何を恨んで、こんな仕打ちをするのだ」と仰せになったという（240）。

かくして、天皇と院の双方が相手の近臣を解官しあう。双方の思惑であろう、信西の息子たちも経宗・惟方も配流から呼び戻された。ところが、ほどなく二条天皇自身が若くして没してしまった。この間、清盛は宮廷政治の暗闘の中を「ヨク〳〵慎ミテイミジクハカラヒテ、アナタコナタシケルニコソ」（239）であったが、二条天皇の死と共に、権力闘争は後白河院と清盛の対決になる。清盛は娘盛子を近衛流の関白基実（慈円の異母兄）の室に入れた。基実は若くして亡くなったので、摂関領を娘盛子に付けてこれを横領した形である。忠通の側近である邦綱《くにつな》の入れ智恵だったと慈円は書いているが、出鱈目がまかり通るようになっていたのだろう。この男邦綱は清盛に取り入ってその後異例の出世を遂げた。

また、清盛の妻の妹滋子が後白河の寵愛を受けて、後の高倉天皇を産むことになった。高倉には清盛娘の徳子を入れて後の安徳天皇をもうけた。これで清盛は外祖父の地位を確立したのである。しかし、滋子の没後（一一七六年）清盛は後白河とその近臣との対立を強めていき、これが鹿ケ谷《ししがたに》事件から治承三年（一一七九）のクーデタ（後白河の幽閉）へとつながった。清盛は太政大臣となり朝廷のトップに昇りつめた。『愚管抄』はこれまでの過程を言ってみれば淡々と追っていくばかりである。

後の論述のために一つだけ、この段階で取り上げておきたい。同じく朝廷社会の権力争いのことだが、慈円にとっては今やそれが同じ摂関家内部の内輪もめとなる。その端緒となる事態が起こった。この時期の摂関家には同じく忠通の子息、九条家の兼実・慈円、松殿基房と近衛家基実とがいた。このうち基房は基実の娘を正妻としており両家の結び付きが固かったが、折から基房は花山院相国忠雅《しょうこくただまさ》の娘の婿になってしまい二人の間に息子師《もろ》家《いえ》をもうけた。基房と近衛家がにらみ合いになったのである。ところが、ここで清盛が近衛家基実の子基通《もとみち》を若くして関白内覧として昇進させ、前関白松殿を事実上配流にしてしまった。基通の昇進は当時右大臣の兼実を飛び越した人事だった。加えて、基通は後白河の男色相手の寵臣となった。こうして松殿は脱落して、以降は九条家兼実と慈円、そして近衛家の基実・基通父子の内部抗争が『愚管抄』の底流をなしていくだろう。

3　武者の世に茫然自失する

さて、結局、保元平治以降の二十年間は、朝廷社会の暗闘の末に平氏が都を制圧するまでの歴史になった。この清盛の天下はしかし、すぐ翌年に以仁王の蜂起を招き、源平合戦の世紀末となる。朝廷内の権力闘争の時代から本格的な武者の世になっていくのである。けれども、源平合戦については、今では周知の出来事を『愚管抄』はほぼ余さずに記述しているが、トーンはあっさりしたものである。保元平治の乱のような臨場感のあるエピソードも欠けている。一例だけを上げれば、平氏の福原遷都については次の一行だけ。「また治承四年六月二日、たちまちに都移りといふこと行ひて、都を福原へ移して行幸なして、とかく言ふばかりなきことどもになりにけり」(250)。同時代人の鴨長明は福原を覗きに出向いたらしいが、『方丈記』のルポルタージュの臨場感には比ぶべくもない慈円の筆である。義仲による後白河院襲撃事件(法住寺合戦)を除けば、戦争が京都の外だったこともあろう。それ以上に、慈円自身が述懐しているように、この間は貴族社会は「ひしめきてありける」(256)、上を下への騒ぎと疑心暗鬼の状態だった。動乱の意味を当事者も含めて誰も分かっていない。もとより、戦乱のもとでの飢饉と群盗の京の巷である。慈円たちはそれこそ右往左往、事態にたいする判断基準を失って茫然たる有様であったろう。そうしたなかで、慈円が忘れずに記すのは先に紹介した九条家と近衛家の確執の発端であった。しかし、もうそんなことは貴族社会の些事、という時代が来ているのである。

さてこのように、平氏一門の覇権は朝廷社会内部の権力闘争として成し遂げられたのだったが、しかし慈円など貴族社会の上層人士たちにとっては、清盛などは北面の護衛からの成り上がりであった。外部からの人であり、政治の新しい人種の登場だったはずだ。武士という人種が自立した権力として姿を現したのである。先の保元の乱の記述では省いた部分だが、『愚管抄』は後白河側の侍総大将の源義朝の言葉を記録している。「義朝はこれまで何度も戦をしてきましたが、その都度朝廷の意向を恐れて、どんな咎をこうむるかと戦の前からびくついていたものです。それが今日追討の宣旨をいただきまして、ただ今、敵の討伐に向かう心のなんと爽快なことか」。出陣の日の朝、紅も鮮やかな日の丸の扇を打ち扇《あお》ぎながら、義朝はこのように述べたという(221)。何といってもこれまでは、武士の合戦はみな私闘(私合戦)と見なされてきたのである。地方の武士団の合戦も朝廷が法にもとづいて罰する。その例が『今昔物語集』巻二十三第十三「平維衡《これひら》同じき致頼《むねより》、合戦して咎をかうぶれること」に見られる。その私闘が、いまや王法に公認された。自他ともに武士団が政治勢力として自立した。貴族政治家にとって、この珍奇な種族に関して武士論の一つがあって当然である。

もちろん、地方に根を張った武士団の実態まで、貴族のトップが認識するのは当時はまだ難しかったに違いない。だが、次の時代の『平家物語』は武士の言動と倫理感の特異さを描き切ったものではないか。その勇猛さと主従の忠誠心とを称賛できなくてもいい。武士という種族にたいする驚きと怖れとが、『愚管抄』から垣間見えてもいいではないかと期待してしまう。『今昔物語集』は十二世紀初めの書物だが、登場したばかりの武士の言動がいくつか記録されている。一例だけを上げる（巻第二十三第十四）。九条家の摂関頼通の時である。

藤原頼通（道長の嫡男）が関白太政大臣のころのことである。内裏で夜居《よい》に伺候していた護持僧明尊《みょうそん》にたいして、何事か急に三井寺に行き夜のうちに戻るようにとの下命があった。護送のための馬が用意されており、「誰か」と頼通が問えば「致経《むねつね》なむ候ふ」と応答があった。宿直所に弓矢一式や藁沓《わらぐつ》などの用意ができている。歩いて行くのかと明尊が問えば、遅れることはございませんと答える。おかしなことと思いながら、松明を先に立てて七、八町ばかりを行くと、弓箭《きゅうせん》を負った黒い影が向こうから現れた。僧都《そうず》は恐れたが、この者は致経の前に膝を折って「御馬候ふ」といって沓と馬を差し出した。かくて武装の者二人に守られ頼もしく思いながら行くと、また二町ばかりして黒装束が二人、物も言わずに傍らに随行する。この者たちも郎等だろうが妙なことをするものだと思いながらまた二町ばかり行く。すると同様にまた二人黒装束が出てきて扈従《こじゅう》する。互いに一切口もきかず、先々これが繰り返されて鴨の河原を越えるころには総勢三十余騎になった。

さて、帰途である。この軍団は前後を固めて散ることもなく、明尊は心安く河原まで戻る。ところが京に入るとともに、何の指示もないままに、郎等どもは二人ずつ先と同じ場所で立ち止まり順々に消えていった。こうして頼通のもとに帰るころには初めの人数、致経と郎等二人ばかりとなった。致経は先に騎乗した同じ場所で馬を下り、騎馬のための沓を脱ぎ捨てて歩み去った。郎等二人も沓を拾い馬を引き取って消えた。明尊は頼通に用件の次第を報告した後に、「致経は奇異《あさまし》く候《さぶら》ひける者かな」「いみじき者の郎等従へて候ひける様かな」と、道中のことを余さず言上した。しかし案に相違して、これに関して頼通からは何の下問もなかった。

三井寺の明尊にしてみれば、都の闇の中から幻のように出没した沈黙の軍団、その物珍しさと空恐ろしさ。武士団を統制しているらしい主従関係は、権謀術数に明け暮れている朝廷の人間関係とは、何と違っていることだろう。しかし他方で、貴顕の最たる者の頼通はこれに何の関心も示さない。見慣れた当たり前のことだったのか、目に止めるまでもない飼い犬たちの振舞いにすぎなかったのか。まさに頼通弟の慈円さながらではないか。けれども、この恐ろしげな集団が間もなく自立した勢力として登場し、頼通由来の摂籙の臣を無に帰すようになる。

4　京の都、酸鼻の極み

ところがどうしたことか、『愚管抄』には清盛論・武士論の類が見当たらない。清盛による後白河法皇幽閉という暴挙についても感想はない。平家による福原遷都という、平安貴族社会にとっての大事件にも、「とかく言ふばかりなきことどもになりにけり」とあきれるばかりである。重衡《しげひら》による奈良の焼き打ちについては、「浅ましいと言うも愚か」と一言（250）。むろん、慈円は情報を集めて大乱を記述することに並々ならぬ関心を寄せていたと思われる。記述はその分詳しくなっている。けれども、慈円の歴史記述は武士をも依然として従来の政治世界内部の、権力闘争の新要素として扱っている。摂関時代までの政治理念が失効し、しかも代わりの理論的支柱が見いだせないでいる、その結果である。しかも、『愚管抄』の眼目はこの時代の考察にあるというのに。

さて、頼朝と義仲の蜂起があり、『愚管抄』は平家の都落ちと頼朝の覇権まで周知の出来事を語っていく。平家が三種の神器もろとも安徳天皇を道連れに落ちて行ったので、上を下への騒動にある京で、国主がいなくてどうするという朝廷での議論が紛糾した。結局慈円の兄の兼実、当時右大臣の意見が用いられて後鳥羽天皇の即位が決定したと慈円は書く。久しぶりで慈円の摂籙の臣の理念がここで顔を出すのである。「異例であったが朝廷は落ち着きを取り戻した。日本国の政治はかくの如くあるべきだと示すのが摂籙の臣の務めなのだ」(256)。「異例」というのも、安徳と後鳥羽と天皇が二人並び立ち、しかも遺憾なことに後鳥羽は神器なしに即位せざるをえなかった。

だが、兼実はこの時はまだ摂関ではない。平氏によって任命された関白、近衛家の基通(慈円の兄基実の子)が執政である。ところが、この人は変転常ない政治を処理する器量の人ではない。慈円のぼろくその悪口が顔を出す。「少しでも自分で決められないことが出来《たい》すると、兼実に問い合わせてやっと決裁してきた。ただ名ばかりの摂籙の臣だ。大体が、荘園遺産も自分より年の若い義母から得たという話である。どだい清盛に摂関にしてもらったお人だからこういう体たらくになる。解せぬ処置ばかりすることは一般には知られていなかったが、実態がここに暴露された。こんなにまで乱れた世の中では、何事もしかるべきはしからずという時代なのである。大体が、摂籙の臣始まってこのかた、かつてこれほどまでに役立たずの能なしはいない。かくてこの世は失せるのだ」(257)。ついでにというように、人脈をたどって後の(土御門帝の)内大臣源通親《みちちか》と、その妻の刑部卿三位《ぎょうぶきょうのさんみ》という女(藤原範子)の名前が出る(258)。いずれも後鳥羽の時代に企んで兼実を摂籙の座から引きずり下ろす張本である。『愚管抄』は巻第六で二人にたいする悪口がたくさん出る。関白基通にたいする先の悪口雑言はこれへの伏線になっている。同じ摂籙内の九条と近衛の家の近親憎悪であった。これには兄兼実と後白河・基通との対立が背景をなしていた。だが、井の中で内輪もめをしている場合だろうか。

というのも、頼朝・義仲の挙兵（治承四年）から平家の都落ち（寿永二年）までの三年間（一一八〇―一一八三）、京の都は酷いなどというも愚か、目も当てられぬ惨状を呈していた。慈円は二十六歳から二十九歳の青年僧である。戦乱による荒廃はいうまでもない。この間に養和の大飢饉がある。これは『方丈記』の記述で有名であるが、たんなる自然災害ではなかった。何事も地方あっての京の都であるが、うち続く戦乱で地方からの食糧搬入が途絶えた。源平の軍隊が大挙して占拠して兵糧をあさり、一部は群盗となって町を荒らした。わざとでもあるまいが頼朝が事態収拾に時間をかけ、これが兵糧攻めのごとくになった。京のダメージを倍加したという。戦乱と大飢饉が重なったのである。それに火災が頻発した。いうまでもなく、主として民衆に降りかかる惨事である。戦乱の響き、餓死者の呻《うめ》き、死臭、群盗の跋扈、大火、これらが貴族社会深くまで届かなかったはずがない。『愚管抄』の政治理念にとって、これもまた理念を揺るがす外部の力だったはずだ。しかし、慈円は目をつむったままである。天変地異は政治の現在を諫める天の声だと、通り一遍の儒教的な訓戒すらも綴られていない。

二年後元暦二年（一一八五）には大地震が襲った。「古い御堂はすべて倒壊、あちこち築地《ついじ》も皆崩れた。少しでも弱い家で破壊を免れた家はない。根本中堂以下比叡山でも歪まぬ建物はなかった。龍王が機嫌を損ねて動き出し、平清盛が龍になって暴れたのだと人びとは噂した。法勝寺の九重の塔はさすがに倒れはしなかったが、それでも傾いて各階の飛《ひ》簷垂木《えんだるき》が皆落ちた」(268)。

源平合戦から承久の乱前後の歴史は次を参照した。
山本幸司『頼朝の天下草創』、講談社学術文庫、二〇〇九年。

5　武家こそが神器宝剣の代わり

さて、そうこうしているうちに頼朝の覇権が確立して、京の朝廷一家にとって「武者の世」は文字通りの外部、鎌倉幕府として独立した。頼朝と鎌倉幕府をどう捉えて、摂籙の家はこれとどう交渉していけばいいか。『愚管抄』は続く巻第六から承久の現在（巻第七）まで、この問題に集中していくことになる。慈円は兄兼実が頼朝と朝廷の仲介役でもあり、そのせいか頼朝を手放しで褒めている。「いかにもいかにも末代の将軍に有り難し。抜けたる器量の人なり」、「かえすがえすまことに朝家の宝なりける者かな」（276）。だが、慈円の関心はあくまで九条摂関家中心である。その目から見ても、いまや君の守りは摂籙でなく武士だと認めざるをえない。慈円のこの政治的追認のロジックをよく表しているのが、壇ノ浦で安徳天皇と共に失われた三種の神器の一つ、宝剣をめぐって展開される議論である。

後鳥羽天皇は確かに宝剣なしで即位した変則的な天皇であった。ご自身が後々まで気に病んでいた。慈円にとっても「この宝剣失せ果てぬることこそ、王法には心憂きことにて侍れ」と思われている。だがこの事実にも道理が認められる。「いまや明確な現実になっているが、武士こそが君の守りとなる世になったのである。そこで、武士が宝剣の代わりとなるのだから、この理由でかの宝剣は失せたのではないかと思う。何となれば、太刀と呼ぶ剣は武器のかなめであり、国王の武辺の御守りである。国王は本来文武の二道をもって世を治めるものだが、文はまた継体守文《けいていしゅぶん》といって国王ご自身の身につき従うべきものである。皇太子には学士を、主上には侍読《じとく》や儒家を置いている道理である。武の方面は皇祖神がこの御守り（宝剣）に乗り移って国王を庇護するのである。実際に今は、武士の征夷大将軍が覇権を確立している。国主が武士大将軍と心を違えては位に留まれない時運が現れ出て来ているのだ。大神宮も八幡大菩薩もお認めのことである。だからもう、神器の宝剣は用済みになったのだ（今ハ宝剣モムヤクニナリヌル也）。すでに、高倉天皇は平家がお立てした。陛下の武辺の御守りである宝剣が、今やついにかく失せたことこそよく理解できるというものであり、世の移り変わりを思えば哀れを催す次第だ」（265）。留意すべきだが、源氏の氏神八幡大菩薩がここで新たに導入される。

武士の大将軍が護りに就いているのだから宝剣が失せても構わないという。だが、慈円にとって重大なことは、国王と魚水合体の政治を行うペアが、摂籙の臣から鎌倉の征夷大将軍に鞍替えされたことである。時運とともに歴史の道理も移り変わるといえば通りやすいが、道理を慈円自身の政治理念と受け取るなら、これは政治的な変節である。武家政権追認のロジックにすぎない。さすがに気が咎めることがあったのか、慈円は続いて弁解めいたことを書いている。

大体、上下の人の運命も三世《さんぜ》（過去現在未来）の時運にしても、法爾自然《ほうにじねん》に移り行くことである。明確にこのように合点すること、これを屁理屈だと思う人もいるだろう。だが、三世に因果の道理を確認すればこそ、その道理と法爾の時運とはもとより確かに調和するように作られているのであり、時の流れを下るときもあれば逆に昇ることもある。智恵の深い人はこの道理を鮮明に心に刻んでいるから、あたかも他心智や未来智を得ているかのように、前もって予知して誤ることはないのである。漢家のいにしえの聖人、孔子や老子をはじめとして、智恵ある人びとが皆かねてよりこの真理を言い当てているとおりだ。今の世で少しでも賢い人びとが思慮分別することどもは、それぞれの分に応じてこの見通しのことのみなのである。かかる人びとを用いれば世は治まり、そうでない人でただ目先の対応ばかりにかまけておれば、世はただただ失せ衰えていくばかりだと愚考する次第だ。（266）

6　朝廷社会の「外部」としての政治

もとより、歴史の目で見れば、鎌倉幕府の成立とともに進行している事態は、慈円のこんなロジックの辻褄合わせで済ませられるようなことではない。頼朝は寿永二年（一一八三）、宣旨により東国の支配権を認められる。寿永三年、幕府公文所・問注所設置、文治元年（一一八五）には守護地頭が置かれた。建久元年（一一九〇）には頼朝は右近衛大将に、次いで建久三年に征夷大将軍に任命された。文字通り、朝廷の外部に武士政権が自立するのである。そして、文治五年「頼朝将軍は鎌倉を発進して陸奥国を目指し、秀衡《ひでひら》を継いだ康衡《やすひら》という者を討ち取ろうと考えた。もっともなことである」（270）と慈円は記しているが、これによって頼朝は東国の軍事支配権を確立したのである。

この間、後白河法皇は源氏の蜂起から建久三年に没するまでの十年余りを、頼朝との熾烈な駆け引きを演じ続けたようである。平家や義仲を討ち取ってもらいたい、だが頼朝が強大になり過ぎてもいけない。義仲を征夷大将軍に任ずると同時に鎌倉ともよしみを通じて、平治の乱における反逆者という頼朝の規定を取り消した。頼朝追討の宣旨を義経に与えたかと思えば取り消して、逆の宣旨を頼朝に与える。「あさましき次第どもなり」、まったく呆れたものだとは慈円の感想である。鎌倉にたいする脅威として平泉政権を温存するために奥州征伐の認可をなかなか与えない。頼朝を征夷大将軍に任ずることを最後まで渋っていた。すべては自らと朝廷の権益を守るための権謀術数であり、後白河その人に骨肉化していた振舞いだと思われる。兼実を頼朝から切り離して孤立させる。言動は一貫しているのだ。こう見れば、慈円と摂関家がこの期《ご》に及んで狭い朝廷社会で内輪もめを演じていたのも、後白河と同じこと、当時の政治の形だと納得するほかはない。『愚管抄』が後白河の朝廷と頼朝の幕府との暗闘にほとんど無関心なのも、たんに情報不足のせいではなかったのだろう。朝廷のバランス政治として当然のことで何の不思議もないのであり、そうであれば摂関家の権益にばかりこだわることが一貫して第一の関心事になる。

頼朝は後白河のことを「日本第一の天狗」と評したというが、本人だって駆け引きから下りたりはしない。義経討伐を理由に諸国の総追捕使・地頭の設置を院に認めさせるなど、幕府の支配を固めていった。頼朝追討の宣旨を義経に与える際に院に追従した公卿たちの追放を院に認めさせた。「この処置によって、さもありなんと人びとに思わせたのであり、頼朝はそれほどまでに思慮深く計らったのである」（270）とは慈円の評である。兼実はこの宣旨の発給に賛成しなかったといい、この後もある時期までは頼朝は兼実を味方とすることになり、それが念願の摂関就任にもつながった。もともと、頼朝は源氏一族の内紛を未然に防止することに本能的に神経を使う人物であったらしい。弟二人の殺害も「人情」とは別の話、武家の棟梁《とうりょう》による御家人の統制が乱れることを防いだのだろう。軍事と暴力に裏打ちされている点は別としても、朝廷内の権力闘争という政治と、これも同じことだったかもしれない。その限りでは、後白河が先に清盛と暗闘を繰り広げたように、朝廷と幕府もバランスを前提とした権力闘争を続ければいいのである。明らかに、慈円はそのような前提でこの時期の諸事を綴っている。当時の目で見れば、三者どっちもどっちといえることだったろう。

とはいえ、政治が朝廷一家や武門一族の権力闘争に閉じ込められた時代が、終わろうとしていた。これもまた確かなことであった。一方では、政治は庶民大衆や地方御家人たちという「外部」と無関係であることができない。狭い社会内の力関係の配慮だけで、政治家が成り立つはずもない。それこそ「人情」が、政治を動かす要因として政治に侵攻してくる。人情は政治とは別の話ではありえなくなる。他方で、全国の政治的支配の再編が、貴族社会とは別の理念を幕府に要求している。たとえば、幕府と御家人といえば源氏恩顧の私的主従関係で結ばれているが、この束縛から政治は自立せざるをえない。頼朝は主従関係に細心の注意を払いながらも、他方では自覚的に御家人との私的関係を政治イデオロギーに転換させようとした。たとえば、御家人は「同輩」として平等だという建前を通そうとした。有名な例だが、熊谷直実《くまがいなおざね》がいる。直実は合戦に馳せ参じるにも従者一人といった弱小御家人であったが、頼朝は古今無双の武者として平等に扱った。むしろ、朋輩として扱うべきことを有力御家人たちの面前で演じて見せた。加えて、東国での私的な主従関係を越えて、西国の見知らぬ武士たちを御家人の名の下に統括していかねばならない。御家人は「政治的フィクション」（山本、八二頁）と化し、それゆえに統治は人民一般を組織することができる。

7　九条家の挽歌

慈円は歴史のこうした変化（推移という道理）を感じ取っていたと思うが、それを政治の言葉にすることは思いもよらなかった。兼実が後白河追従から一歩距離を取っていたために武者の世にサバイバルができたこと、この一点が鎌倉幕府の肯定になる。もとより、『愚管抄』にたいしてこんなことをいうのは後智恵にすぎないが、しかし、鎌倉政権が慈円の言うように正当化されたとしても、摂籙家の没落はもう覆うべくもない。これ以降、『愚管抄』は九条摂関家の挽歌というほかない。

確かに、頼朝の支持のもとに、「九条の右大臣は、文治二年（一一八六）三月十二日、ついに摂政の詔、氏の長者と仰せ下されにけり」。こういう文章で『愚管抄』巻第六は始められている（273）。弾《はず》んだ気持ちが感じ取れる。世の人も「げにげにしき摂籙の臣こそ出できたれ」と思ったという。「げにげにしき」とは、いかにもふさわしい（久しぶりに待望の）という意味になろうか。後白河法皇も遠慮なく思う通りに政治を行えと仰せになり、ご寵愛の女（浄土寺二位《じょうどじのにい》丹後《たんご》こと高階栄子《たかしなえいこ》）とも面会させた。頼朝ともしっかりと約束を交わした。兼実の感慨もひとしおである。「必ず摂籙のトップに出世すると仏神のお告げもあったので、清盛のクーデタの後十年の今日までこれを待ち続けていた」と兼実は述べたという(273)。おそらく慈円に直接漏らした言葉であろう。慈円も再びまた兼実とともに朝廷政治の最上層の一員になったのである。お礼に参内した日の夜は雨になったことまで記している。兼実の嫡男良通《よしみち》は内大臣に任じられ、また娘任子を後鳥羽天皇に入内《じゅだい》させることにも成功した。藤原氏に何百年も伝来して身に染みついた政治手法がまだ生きている。頼朝が軍勢を率いて賑々《にぎにぎ》しく上京した。朝廷はあたふたと官位の大盤振舞いで応える。「いかにもいかにも、末代の将軍としては稀有の、飛び抜けた器量の人だ」と、慈円も手放しである(276)。頼朝は鎌倉に帰り、後白河法皇が崩御した。後鳥羽の親政が始まる。

さて、こうして兼実は鎌倉将軍と仰せ合わせつつ世の政治を行った。ところが、好事魔多しである。政権についてから十年目、建久七年(一一九六)兼実は蟄居、関白を罷免された。代わって、例の近衛家の基通が関白に復帰した。これ以前に兼実は嫡男良通を亡くしている。九条一家のパージが始まった。中宮任子は内裏を出るし、慈円も天台座主を下りる。これら一連の事件は村上源氏の通親《みちちか》大納言とその愛人刑部卿《ぎょうぶきょうの》三位《さんみ》(範子《のりこ》)らによる「奇謀」だというのが慈円の見立てである(281)。頼朝をも手玉に取った。以前から宮廷内の陰謀が企てられていたのである。要は「位争い」権力闘争である。加えて、朝廷人事にたいする頼朝の関心が薄れて兼実との親密な関係が希薄になった状況に、通親一派が乗じたということだろう。（この政変については第六章で詳述する。）

そして、九条家頼りの頼朝も建久十年に亡くなった。慈円の政治にとってさらに重大なことに、その鎌倉で頼朝亡き後の血で血を洗う内紛が連発していく。二代将軍頼家は親裁を停止され、結局は謀殺された。御家人梶原景時《かじわらかげとき》も畠山重忠《はたけやましげただ》も和田義盛《わだよしもり》も討たれる。頼朝の弟（阿野全成《あのぜんじょう》）とその子供たち、頼家の息子（一幡《いちまん》）、次いで比企能員《ひきよしかず》が討たれた。まだまだ続いて、頼家の息子公暁《くぎょう》による実朝の暗殺に至る。慈円の感想、「愚かにも武人としての警戒心に欠け、文にばかり意を用いた実朝は大臣大将の面目を穢《けが》し、こうして源氏の血脈は跡形もなく消えてしまったのである」（312）。

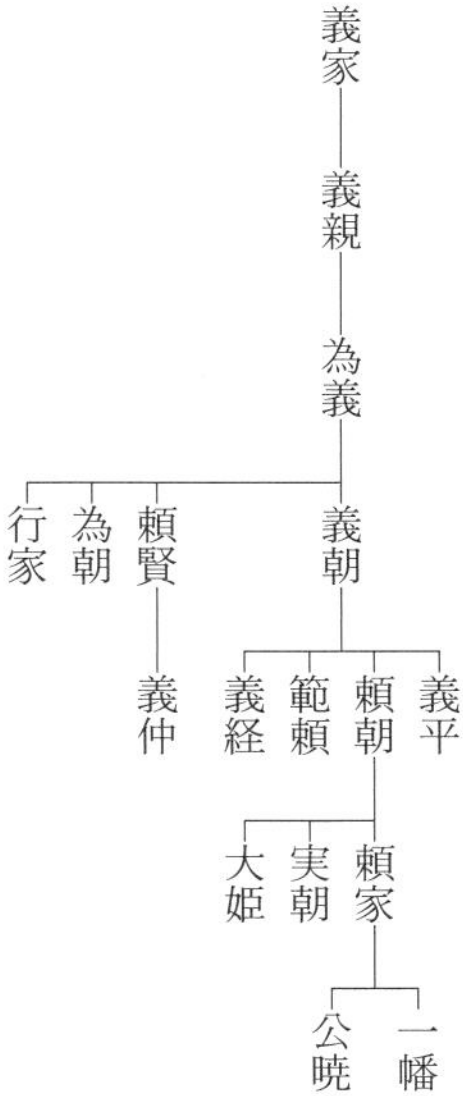

頼朝の家系、河内源氏とはつくづく血に呪われた一族というほかない。早くは義家と弟の義綱《よしつな》の争闘に始まり、義家の息義親《よしちか》ら子息同士の殺し合い、保元の乱では義親の嫡男と孫が親子相撃って滅び、次いで頼朝は弟の義経と範頼《のりより》を殺

し、同じく弟の全成も殺害される。そして頼家以下、頼朝家系の殺し合いと続く。頼朝の妻政子を通じて北条氏も河内源氏と無縁でないとすれば、北条氏主導の鎌倉幕府内の暗闘も血のゆえと見ることもできよう。

こうして、慈円の仮託する「宝剣の代わりに君を守る武士」自体が分裂を露呈したことになる。保元平治の乱で王室と摂籙の双方が分裂した事実の、形を変えた再現である。あれ以来、慈円の政治理念は現実から裏切られ続けているのである。乱がもたらした「巨害」はますます甚大のはずであった。（承久の乱がその最終的結着となる。）ただ、慈円は鎌倉の内紛を淡々と記して「悲しきことなり」と短くコメントするばかりである。また、こうも述べている。頼朝死後の成り行きは「人の仕業《しわざ》とも思えない。現実政治では武士の覇権あるべしとは、今では確かに祖神も定められた道理である。その上で、平家のあまたの怨霊も働きかけて、冥界の因果応報の道理に政治が感応して現出した事態であろう。心ある人はこのように受け取るべきだ」（304）。

こうしたなかで、慈円にしてみれば、兼実を失脚させた陰謀こそが怨んでも怨みきれないものだったろう。また、近衛の父子への悪口が出る。摂関家に生まれ職に就いていながら、「政治の仕方も家政の運営も、きれいさっぱりすべて知らず、聞かず、見ず、習わずのお人で、その上家領文書を抱えて取られたり取り返したりで、未だに失せず死なず、かくて王臣合体の政治の正道はきれいさっぱり失せてしまったことだ」(335)。だが、これも今となっては摂政関白家に矮小化された内輪もめにすぎない。慈円にも分かっていることだ。だから、後鳥羽上皇が政治を立て直すべきであったのに、そうはいかなかったのも道理だとして、『愚管抄』にはこう書かれている。

すなわち日本国の天下も運が尽き果てて、大乱が発生してすっかり武者の世になってしまった。その後は、摂籙の臣といっても国の政治でその威勢は三流四流にまで落ちて、威光もなくなってしまった。わずかに松殿基房と九条殿兼実は多少は摂政関白に似つかわしくはあったが、これは権威の低下した者へのお情けというものだ。基房は平家により失脚、兼実は頼朝に引きたてられた人である。かつては天皇の御意のままに、摂籙の臣を味方として頼りにもしまた遠ざけもするということが筋であったが、これもいつの間にか失せてしまい、今では摂籙の臣など良かろうが悪かろうがどうということもない存在になり果てた。ただわずかに、後鳥羽院が兼実の息子の良経《よしつね》を摂籙にしたことがめでたく思えたのだが、まったく思いもかけず良経は頓死してしまった。(335)

こうしたなかで、慈円最後の政治のロジックが摂籙将軍なる者に適用されることになる。実朝が暗殺されて鎌倉では頼朝の血筋が絶える。そこで、天皇家から皇子の一人を後継将軍として迎えたいとの尼将軍政子の意向が、鎌倉から朝廷に届けられた。ところが、天下を二分する危険を作ると、もっともな理由で後鳥羽院はこれを拒否。そこで、王族でなければ摂関家の子息もよしという院の裁可に沿って、九条家左大臣道家の子（頼経、二歳）が候補に選ばれた。頼経は遠縁ながら頼朝との血のつながりもある（頼朝妹と一条能保《よしやす》の孫が頼経の母）。そこで慈円は考える。「今はまた武者という者が登場して、征夷大将軍として君と摂籙の家とを押し込めにして政権を奪っている。世は末世なのである。そして、この将軍たちはみな命果ててしまい、武士は誰の郎従にもなれるような者ばかりという始末だ。そこで、征夷大将軍には新たに摂籙の家の君公を立てることにされた。いかにもいかにも、これは宗廟神のお計らいで、君臣合体の昔に帰り、なおしばしは世を治めよと思し召したことである」（332）。ここにいう宗廟神には伊勢大神宮と春日社のほかに、八幡大菩薩が加えられていることは先にも注意した。君臣合体の昔とは天皇家と藤原家の合体政治体制のことだが、後者は今や武家が占めておりこの時勢は容認せざるを得ない。だが八幡大菩薩の計らいによって、その武士の棟梁に摂関家の血筋が立つことになり武者と摂籙が合体するのであり（文武兼行）、これが国王を助けて政治をするという体制ができる。

「いま左大臣（道家）の子を、八幡大菩薩の一決によって武士の大将軍になされた。これは人為ではない。きっと神々の成し遂げられたことと思われる。不可思議のことが生じたものである。それなのに近衛殿など沙汰の限りの者たちは、「我が家は無関係、九条家はきっと恥をかくぞ」などと言い触らし、これを真に受けている御方（後鳥羽）もいるとか。理不尽のことこれにつきるといわねばならない」（336）。

摂籙将軍なる者への慈円の期待とロジックは、そのまま、承久の乱へとのめり込む後鳥羽上皇へのお諫めの言葉になる。すでに第一章で見たとおりである。慈円最後のロジックである。慈円にはしかし武士論が欠けている。前代未聞の鎌倉幕府という統治形態の考察もない。武士という異形の者の確かな認識もなしに、二歳の摂籙家を武士の頭に乗せてどうなるものか。新たな君臣合体だという慈円の理屈も、没落する階級の者の慰めのロジックでしかあるまい。慈円にも分かっていたことである。「これについて昔を思い出し今を省みて、正意をしっかり保って、邪を捨て正に帰する道を真剣に心得るべき事態になったのだ。まずは、これは八幡大菩薩の計らいか、それとも天狗・地狗の仕業ではないかと深く疑うべきである。疑うというのも、昔から怨霊というものがあり世を乱し人を滅ぼすという道理があるからだ。まずは仏神に祈るべきである」（337）。

しかしそれにしても、『愚管抄』は終始一貫、個々の人物、固有名を持つ生身の人間だけを扱っている。後三条天皇であり、後白河法皇であり、摂政関白忠実であり、政敵近衛家基実であり、武士の義朝と清盛、そして摂籙将軍頼経である。歴史の道理といっても、その時々の政治制度やその変化、制度のイデオロギー、あるいは人物が体現する「世界精神」を具体的に論じることがない。律令制しかり、英雄頼朝しかりである。では、人物群像を何が相互につなげて歴史をなしてきたのだろうか。血というほかはない。すでに藤原不比等の昔から藤原家は氏の血を継承し、血縁外戚関係によって天皇家にその血を紛れ込ませて、この血の濃淡にもとづいてその時代の諸人物を配置しあるいは排斥しながら、この世の政治をかくも長きにわたって運営してきた。慈円の政治理念もまた、摂籙と天皇が血のつながりで「合体」している事実を前提にしている。それが、道長の子頼通以降になると、摂政関白の娘の入内《じゅだい》立后は多いとはいえ、誰も子を産まない。慈円は頼通の娘寛子(後冷泉天皇后)以下五名の后を列挙している。兼実の娘任子(後鳥羽天皇后)は産むには産んだが姫君だった。だが、兼実の孫に当たる立子(後鳥羽天皇中宮)が、建保六年(一二一八)十月十日寅の刻に、待望の皇子を産んだ。直ちに東宮に立てられた。「かかる目でたきこと世の末に有り難きことかな」、これでなおしばらくは世の中も滅びることはあるまいと、上中下の人びとがこぞって思ったことだ。この期に及んで慈円はこう書いている(306)。この日本国の政治の血脈というものを思うと、真に驚嘆を禁じえない。

さて、『愚管抄』は巻第六をもって承久の現在までの歴史記述を終えて、最後にまとめに当たる感慨が綴られている。慈円はいうところの歴史の道理が真実を言い当てていると確信しているが、なにせ末代の乱世のことである。当時は「聖徳太子未来記」なるものがはやっていたそうだが、承久以降の将来のことはどうなることか、慈円も八幡大菩薩の御照覧あれと投げ出すほかはない。ただ、漢家でいわれるところの王朝百代、それが日本国では神武天皇から数えて八十四代の順徳天皇にまで到達している。あと十六代を何とか全うさせたい。慈円の文章は何とも晦渋を極めているが、訳せば次のようになろうか。

さて、この日本国の王と臣と武士の推移の次第はこれまでに書き付けてきた通りであり、すべては明白になった。その折々の道理に合わせて考え、しかも道理なき僻事が企んでこんな世の中にしたことだと、折節につけ読者が覚り納得するように書いてきたのである。後の人たちが熟慮して世を治め、正邪善悪の道理をわきまえてこの末代の道理に適うようにして、仏神の利益利生の受け皿となっていくことだ。王朝百代の御代も余すところわずかに十六代となった。この先、仏法が王法を護って百代を全うすることが、仏神の限りない利益利生の本意であり応報なのだから、このことだけを究極目的として書き連ねてきたのである。［……］

さて、今後の有様をうかがうに、この二十年以降承久の現在までの世の移り行く次第、政治と人びととの心ばえとが受けるだろう報い、いずれもはなはだ危ういばかりで申す言葉もない。これも未来記のことだから、細かな予言が的中したとしてもまぐれ当たりの類でしかあるまい。ただ、八幡大菩薩も御照覧あれというほかない。心ある人は世の移り行く先をそれぞれに書き付けながら、今後の推移を書き加えていただきたい。

(317)

第五章
王法仏法は牛角のごとく
――権門化する仏法

1　王法仏法相依の政治

同一種姓《しゅしょう》の国王を摂籙の臣（藤原氏）が助けて日本国の政治を行う。これは神代における天照大神と春日大明神との約諾であり、地上の政治が乱れることはあっても、この冥界の約束が無に帰することはなく、その因果応報に政治は感応せざるを得ない。『愚管抄』における慈円の、これが政治の理念であった。神々の約束事の最初の現勢化が、大化の改新における天智天皇と藤原鎌足の協力体制にほかならない。

王家と藤原家とのいわゆる魚水合体《がってい》の政治については、その一端を既に具体的に見てきたとおりである。けれども、私はこれまで故意に避けてきたのだが、慈円のこの政治理念は実はもう一つの理念に支えられるべきものであった。「王法仏法相依（相即）」である。仏法が日本国に伝来したからには、「仏法なくては、王法はえあるまじきぞ」ということを、すでに聖徳太子が示した（137）。時代が下って仏教が定着し、国王と摂籙の臣による政治を王法とすれば、これと仏法とが助け合って政治を行うべきだというのである。九条兼実の言葉を借りれば、王法と仏法は牛角の関係、牛の二本の角のように離れずに一緒に働く（250）。もしも慈円の考えるように王法仏法相即なら、王法における魚水合体の政治は仏法の助けで大いに強化されるはずである。しかし、その場合慈円にとって仏法とは何であったろうか。

王法と仏法の関係の始まりを、『愚管抄』は次のように述べている。「ただ国王の威勢だけでは日本国は治められずに、乱れに乱れてしまう。臣下の計らいに仏法の力を合わせて政治を行うべきである。天智と鎌足が力を合わせて蘇我入鹿を切ったことが、その始まりだったのだと得心される。だから、この体制で今日までも政治は行われているのだ」（141）。ことに平安京に遷都した桓武天皇以降は、「天皇の母（国母）にはみな大織冠子孫の大臣たちの娘がなっており、国はよく治まり民に厚い政治が行われてめでたいことであった。今日までもこのままで違うことはないのである」。それというのも、平安期に入って伝教と弘法の両大師がそれぞれ天台宗と真言宗を伝え、天台宗は菩薩戒を広め、真言宗は後七日《ごしちにち》の修法を内裏で始めた、その効験にほかならない。以上に付け加えれば、比叡山中興の祖といわれる良源《りょうげん》は摂関家の九条師輔との密接な関係を築いた。そして、師輔の子息尋禅《じんぜん》を入室させてやがて天台座主に据えたという。九条家と天台座主の牛角の関係が確立される。こうして、日本国における王法仏法相依の政治について、慈円は次のようにまとめている。

その後は違乱も多くなるとはいえ、王法仏法は互いに護りあって、臣下の家では君臣の魚水合体の仲に反することなく、かくて国はめでたく治まってきた。とはいえ、この体制が次第に衰えて、今では王法仏法なきがごとくの有様になっているが、仔細はこれから申し述べていくつもりだ。（147）

確かにこれ以降も、『愚管抄』は時々思い出したように仏法を持ち出すが、慈円の王法仏法牛角の体制とは、ほぼ以上の引用で尽きている。仏法とは聖徳太子が取り入れて護国仏教として定着した体制、もっといえば権門寺院の座主別当とその威勢のことになる。「王法仏法相依」とは当時すでに確立したスローガンになっており、慈円もこれに則っているにすぎない。「よくよく心得て仏法の中の深義の大事を悟りて、菩提心を起こして仏道へ入る」。日本国のあり方はこれと少しも違わないのだから、政治もまた仏法と同様に理解すべきだと慈円は述べる（147）。とすれば、仏法とは魚水・牛角という政治の理念を心得て政治を行うのと同じことだ、というのである。仏法とは仏法の働きの効能である。仏法といってもあくまで実践的に、世間におけるその効用のレベルで捉えられている。牛角はともかくとしても、そもそも王家と摂籙の臣の魚水合体は、（神々の約諾とは別に）仏法からいかに説明されうるのか。天台座主を四度も務めた人に、仏教教理からする政治の理念化を期待して当然だが、慈円はこれにまったくのところ関心を示さない。あくまで王法と関わる限りでの仏法である。こだわりもなく、終始、仏門政治家として慈円は『愚管抄』を書いている。

私はこの章で仏門政治家としての慈円を追っていくつもりだが、そのためには前提としてクリアしておくべきことがある。密教修法者としての慈円その人のことである（以下は菊池大樹『鎌倉仏教への道』、講談社選書メチエ、二〇一一年、一三六頁、によった）。慈円は鳥羽上皇の子息の覚快法親王の弟子であったが、養和元年（一一八一）の覚快の死の翌年に青蓮院門跡《しょうれんいんもんぜき》を継いだ。養和の大飢饉の真っ最中だ。若いころは遁世の志が強かったそうだが、九条家の仏法王法牛角体制からは抜け難く、こうして天台座主への道を歩み始めた。とはいえ、十世紀終わりごろに天台密教を再興し「谷の阿闍梨《あじゃり》」と呼ばれた皇慶の門流（谷流）に、青蓮院門跡は属している。慈円は天台密教の嫡流を自負するこの谷流《たにりゅう》（三昧流《さんまいりゅう》）を継いだことになる。それだけに密教修法（加持祈禱）に意を注いでいたであろう。密教であるから中身はうかがい難いが、慈円はたとえば後鳥羽上皇の玉体安穏のために「法華法」を修したと書いている（後述）。ここで参照した菊池前掲書によれば、法華法とは次のようなことであるらしい。後鳥羽天皇を前にして行者《ぎょうじゃ》つまり慈円が密教の本尊の観想に入り、本尊が他の仏神と合体融合して現れ、行者はここに真言《しんごん》を唱えるという。たとえば、釈迦如来（あるいは大日如来）、観音、それに山王神（日吉社の天台守護神）が一体化（冥合）して幻視され、これに向かって真言「オンココタヤソワカ」を唱える。神仏習合であると同時に顕密の融合（台密）でもある慈円仏法の本尊の観想である。

といっても、わけが分かるものでもない神秘的な修法であるが、『愚管抄』に関連して重要なのはこれが冥の世界との交感とされていたことだろう。交感は夢告の形で行者に幻視される。たとえば、建仁三年（一二〇三）六月二十二日、慈円は夢にこう告げられたという。「三種の神器のうち璽《じ》は玉女で后であり、国王がこの究極の清らかな状態である「自性清浄《じしょうせいじょう》」の玉女の身に入って交会すれば、どちらも罪を得ない」。国王は一字金輪（釈迦・大日の合体）であり、后は仏眼仏母（胎蔵界大日）であり、両者の密教的な合一が、顕界では強力な王権を実現すると慈円は考えた。后とは摂関家の娘なのだから、これはいいかえれば王臣合体にほかならない。そうであれば、天皇と摂籙の臣との魚水合体体制という『愚管抄』の天下り的な政治理念、これも慈円の修法がもたらした夢告にもとづくものであったかもしれない。慈円は冥界と交感してその意向（道理）が読めたのだと、推理することもできるだろう。この時代、夢告は宗教的経験に欠かせないものだった。

だが、『愚管抄』はこの秘法のことなどはおくびにも出していない。あくまでもザハリッヒ（人物・事柄に即す）なのである。たしかに、冥と顕の道理の二元論は『愚管抄』の歴史論の基本枠組みであり、魚水合体は冥での約諾とされている。しかし『愚管抄』に関する限り、この「冥」は当時一般に自明とされていた冥界と変わりなく、慈円はこれを密教的に限定彫琢して提示してなどはいない。その他の宗教教義についても同様なことは以下に述べるとおりである。慈円の仏法は政治的概念である。本書が『愚管抄』をリアルタイムの政治論として読むゆえんである。

2　政治概念としての仏法

では、慈円が『愚管抄』で濫用する「道理」という言葉はどうか。慈円は歴史に道理を探求した思想家、慈円と問えば「道理」と答えが返る。だが、道理とはもともと仏教用語である。大隅和雄『愚管抄を読む』（講談社学術文庫、一九九九年）によれば、仏教では、道理には相待道理・作用道理・成就道理・法爾《ほうに》道理の四種類があるという（『瑜伽《ゆが》論』）。それぞれ、相互依存関係、因果関係、対象と認識、そして自然法爾（成り行くまま）の道理である。だが、『愚管抄』の道理にそのような仏教教学的な意味合いはない。慈円の道理とは第一に、「御孝養あるべき道理」というように、人の行うべき正しい道という道徳的意味である。第二に「ただ一筋の道理といふこと侍る」のごとく、道筋・理屈である。第三に、理屈の具体的中身として因果の道理が説かれる。「三世に因果の道理といふものをひしと置き」というように。第四に以上の相対的な道理を越える道理、つまり一つの社会を支えている基本的な道理がある。「仏法王法護らるべき道理」がこれである。第五に、「移りまかる道理」「何事も定めなき道理」というように、道理が変化していくという道理がある。大隅は以上を慈円による道理の相対化だとしている（前掲、一二〇頁）。

だが、道理はひとたびこんなふうに相対化されてしまうと、極言すれば何事にもそれなりの道理があるという現状追認になる。「一切の法はただ道理といふ二文字がもつなり。その他には何もなきなり」（324）とされる一方で、「僻事になるが道理なる道理」ともいわれている（326）。つまり僻事（道理に反すること）が道理だという道理もあるということだ。道理という言葉は『愚管抄』ではほとんど融通無碍に使われており、下手をするとたんなるご都合主義や屁理屈の類になる。菅原道真が摂籙の臣を護るためにわざと時平に誣告《ぶこく》させ、大宰府に流されたのだという強弁はすでに紹介した。道理は原理・理論・理念という意味を散逸させている。結果は追認の理屈になる。とりわけ、慈円の政治理念が乱され思うに任せなくなる「武者の世」以降になると、理念の貫徹という方針は行き場を失って迷走する度合いが強くなる。道理に反することを道理とするような言動、これも道理になる。

だから慈円の道理は、「王法仏法相即の道理」の、その仏法を根拠づける道理にはなりえないのである。このため私は、神々の約諾のゆえに国王と摂籙の臣は魚水合体で政治をすべきだという道理だけを、慈円の道理として認めてこれを慈円の政治理念と呼んでいる。『愚管抄』ではこれ以外の道理は大隅の指摘の通り相対化されており、具体的な文脈に沿って使われている。「そうか、道理で」とは今日でも軽く納得を示す日常語だが、それに準じる自然な使い方である。そこに特別の意味はない、というのが私の見方である。

もともと、「仏法ということばは、『愚管抄』の中に四十七回あらわれるが、その用例の中で、教義や抽象的な思想をさしていると解されるのは、僅か数例にすぎず」と大隅が指摘している（前掲、一四七頁）。「用例の大部分は具体的なもの、社会的に存在している何かに置き換えることが可能なものであり、仏教の教義や世界観、またそれらを基礎とする倫理思想などをさしている場合は、極めて少ないことに気付くのである」という（一四八頁）。その仏法＝「社会的に存在している何か」とは、一に仏像、経典、仏舎利であり、二に僧侶、教団、寺院、そして三に加持祈禱である。それゆえ大隅もいうように、王法仏法相即と慈円が主張しても、「それは仏教的な理念と、世俗の権力の主張とが宥和するという思想的な次元のことをさしているのではなく、具体的に存在する寺院勢力と、朝廷とが協調的であることを説こうとしたもの」と読むべきである（同）。つまりは仏法も政治的存在として政治的に扱われている。

したがってまた、慈円の仏法が以上のような用法なのだから、日本国の政治に関する神々の約諾を、その後に入ってきた仏教によって根拠づけるようなことはできないのである。慈円の王法仏法相即論も、摂籙の臣の政治にとって権門寺社の協力が必要不可欠だといっているにすぎない。約諾を何らかの仏教的教理によって説明してはじめて、このテーゼも生きてくる。例えば、神々の約諾を本地垂迹《ほんじすいじやく》説によって仏法と結びつけた上で、仏教導入後は神仏の約諾と言いかえることもできたはずである。先に指摘したように、慈円の神秘主義的仏法実践が幻視したことだと説明できたかもしれない。だが、慈円はそれをしていないし、『愚管抄』ではそもそも関心がない。すでに神仏習合の世の中である。朝廷は仏事とともに神事にも余念がないし、神社も境内に神宮寺を持つ。藤原氏には春日神社がありかつ興福寺が御願寺である。後に武者の世になると、慈円も大神宮と春日社とともに、八幡大菩薩を持ち出すようになる。王法と仏法の相即はすでに不思議がることもない政治の既成事実だったのであろう。

3　仏法は理念たりえず

それゆえ、私は本書を通じて王法仏法相即のテーゼを慈円の政治理念とはしない。政治理念は直観的でほぼ天下り的に要請された、かの神々の約諾だけである。先にも引き合いに出したが、現代にも「プロレタリアートの歴史的使命の実現」として歴史を見る歴史観があった。だが、このテーゼに科学的歴史法則などという根拠（つまり道理）を付けるマルクス主義はとうに捨てられている。だからといって、このテーゼを理念として歴史過程を吟味することが無意味にはならない。これがマルクス主義的革命というものの歴史だからだ。慈円の政治理念についても同様なことがいえる。この理念を歴史的に吟味した（そして挫折した）のが『愚管抄』であって、慈円による吟味の手続きを政治的に再吟味することが、私の「愚管抄と政治」というテーマになる。

「王法仏法牛角のごとし」に関して、もう一つ大隅和雄の説明を援用しておきたい（前掲、一六七頁）。慈円の時代は王家と上層貴族が一種の人口問題解決策として、子弟を権門寺院に入れたということである。慈円には十人の兄弟があったが兼実はじめ三人が摂政、一人が太政大臣になる。これ以外の者は慈円を含めて興福寺、比叡山、それに園城寺に入った。「摂籙の子の多さよ」と慈円自身が驚いている。自分が座主になるまで、摂籙の家の出で天台座主は慈円を含めて四人しかいなかったが、昨今はそれが十人余り、園城寺、奈良の諸寺、仁和寺、醍醐寺を合わせれば座主別当経験者は四、五十人になる。天皇家でも同様である。「皇子から出家の法親王は仁和寺にもめったにいなかったが、今では比叡山にも二人いる。新院（土御門上皇）と当今（高倉天皇）、さらに当今の二宮三宮の幼き御子たちが数知らず、法師に法師にと寺院の師たちのもとに預けられるようだ」（355）。

皇子や摂籙家子弟たちは幼くして寺に入り、十四、五歳で出家するという。元服の儀を経て世俗社会に入る者と、出家受戒する者とがここで区分けされた。前者が王法の社会を、後者が仏法の世界を構成する。いったん世俗に入ってから出家する者もいたがこれは入道と呼ばれて、幼時からの僧侶とは区別された。こうして見れば、「出家の世界は、世俗と縁を絶つことによって成り立つというようなものではないことが明らかであろう。大寺院は、まさに第二の世俗であり、天皇と廷臣たちを中心とする世俗の社会とは別の、もう一つの世俗を形成していた」（大隅前掲、一七〇頁）。第二の貴族社会といってもいいだろう。王法仏法相即とは第一と第二の世俗社会（貴族社会）の助け合いであり、裏を返せば世俗社会は第一も第二も、陰湿な権力抗争と陰謀とが巣くう世界であった。天台座主慈円自身も山の僧たちの内ゲバに関わっていたという。こんな具合である。「静鑑《じょうかん》らが禁止された武器を所持していたため、それについて使者を派遣して問い詰めたところ、彼らは逆に使者を傷つけ、追い返した。その時に怪我をした静全《じょうぜん》は、後日死んでしまった。そこで、天台座主の慈円が無動寺の僧と俗兵を派遣し、静鑑らを追討しようとしたところ、根本中堂の前で合戦となった」（『天台座主記』建仁二年正月十八日、衣川仁『僧兵＝祈りと暴力の力』、講談社選書メチエ、二〇一〇年、七頁）。

ただし、大隅の以上の指摘から漏れる者たちがいる。世を捨てた僧たちである。第二の世俗社会に反発して権門寺院の出世コースから外れて、一人離れて修行と修学に専念する。法然がそうであったように、この意味で世を捨てる僧たちが目だち始める時代となった。それだけではあるまい。私度《しど》僧まで含めた下級僧侶やただの僧形の者たちが、大挙して山に籠りまた俗世間を放浪する時代がすぐそこに迫っていた。聖《ひじり》あるいは聖人《しょうにん》と呼ばれる者たちである。すでに『今昔物語集』（十二世紀初めに成立）には、彼ら（とりわけ法華経の持《じ》経者《きょうじゃ》）を主人公とする説話がたくさん収められている。たとえば、吉野は金峰山《きんぷせん》の前の嶽に籠った良算《りょうざん》持経者のこと（巻十二第四十）。長く穀と塩を断ち、山菜と木の葉を食として里に出ることもなかった。こうして日夜一心に法華経を誦《じゅ》すれば、鬼神が木の実を運び熊・狐・毒蛇も来て供養した。「形端正《たんじょう》にして身微妙の衣服を着せる女人」が来て礼拝して帰る。羅刹女《らせつにょ》の一人であろう。眠る時にも眠りながら経を読む音が聞こえた。世の人は「この聖人狂気ありけり」と疑った。また、比叡山出身の無名僧玄常《げんじょう》の場合、その「振舞い例の人に似ず」と書かれている。紙衣《かみぎぬ》と木の皮を着て、どこでも裸足である。戒を破ることなく、貴賤を選ばずに敬い、鳥獣を避けない。「世の人、これを見て狂気ありと疑ひけり」であった。この玄常が播磨の雪彦山に籠って、木の実を食として修行した。猪、鹿、熊、狼などの獣がつねに近づいて戯れていた。里人の吉凶を占って外れることがなかった。世の人はこの聖人を権化の者だといった（巻十三第二十七）。

『愚管抄』には、しかし、彼ら聖にたいする関心はまったく見られない。身分の違いのせいでもあるが、そもそも聖たちは慈円のいう政治にも仏法にも関わらない。もしかしたら、聖の大衆化は慈円の王法仏法相即のスキームをその外部から揺るがす、もう一つの仏法の力として成長するかもしれない。その予感は、しかし慈円にはない。

4　仏法は加持祈禱

『愚管抄』にいう仏法は王法と協働する限りの仏法であり、王法を護る具体的な働きである。その働きとは要するところ王法のための加持祈禱に集約される。この時代の仏教界の著しい密教化はよく知られている。これは同時に仏教の体制御用化であった。天台座主の慈円はまた後鳥羽上皇の護持僧である。『愚管抄』の慈円は権門寺院の政治家に見えるが、もとよりご自身は天台密教の教理と修法のエキスパートだったはずである。

加持祈禱はたんに寺院側からする王権護持の働きではない。それどころか、特に白河法皇の院政期以降は、王権からの積極的働きかけで仏法が動員される。信心狂いの上皇、しかしそれは同時に、仏事を通じた仏法と貴族社会の統制政策であった。上川通夫は白河院時代（一〇七二—一一二九年）の一日（嘉保二年九月二十四日）と一年（永久元年）の王権による仏事（造寺・造塔・造仏、法会）をそれぞれ列挙している。狂奔としか言いようもない白河院の仏法動員である。一日も一年も、文字通り「充満する宗教行事」だ。権門の僧侶ばかりか、その都度宮廷貴族たちも仏事に動員される。京都が寺院建築で充満する町になるのもこの時代だという。たとえば、貴族たちの小グループが京とその周辺の仏塔を巡礼するツアーを企画したが、三日間で巡った塔の数は百二十八基に及んだという（上川通夫『平安京と中世仏教』、吉川弘文館、二〇一五年、一三五頁）。都をあげての仏法フィーバーであったろう。

慈円が関わった加持祈禱を『愚管抄』巻第七から抜き書きしてみる。

第一に天変地異を抑えるための加持祈禱がある。承元二年、御願寺法勝寺《ほっしょうじ》の有名な九重の塔が落雷で倒壊するという大事件が起きた。ちょうど慈円が後鳥羽院に呼ばれて院の健康のために「法華法」（前述）を修していた最中のことだった。落雷はまさにここ院御所に落ちて玉体を損ずるところだったが、修法がこれを法勝寺に転じたのだと、慈円は院に説いた。「な嘆き思し召し候ひそ。これは良きことにて候。［……］当時焼け候ぬるは御死の転じ候ぬるぞ」と（297）。また、承元四年には彗星が出た。慈円は熾盛光《しじょうこう》法を行って彗星は消えた（ただし、一ヶ月余の後にまた出現）。天変地異は政治の危機に結び付けられがちだったから、仏法が危機の予防に動員されたのである。むろん、慈円の時代以前からあったことであり、以降も同様である。『吾妻鏡』を読めば武士政権でもいかに頻繁に天変と加持とが繰り返されていたか、驚いてしまう。

第二にはむろん、怨霊を調伏《ちょうぶく》する加持祈禱がある。天変に関連するが、兼実の嫡男良経が急死した年に三星合という惑星の異変が起きた。慈円は薬師法を修してこれを消し、後鳥羽院のお褒めにあずかったという。天変は怨霊の力を強めると信じられており、怨霊は後鳥羽その人から良経の方に転じて、良経の死をもたらしたと申す天文博士もいた。かの忠実の悪霊のしたことだという人もいる。忠実の霊をよく供養しておけば、良経の死は防げたものをと慈円も考える。怨霊のことは後にまた取り上げる。

第三に、皇室の安穏護持、病魔調伏、皇子誕生を願う加持祈禱がある。先に上げた白河院の「充満する仏教行事」のほとんどが、院その他の皇室の玉体安穏のためのものだった。

5　外部の力、怨霊・悪霊・霊鬼

『愚管抄』はそのあちこちで怨霊や物の怪に関心を寄せている。すでに紹介した「北野の御事」のように、怨霊は何よりも宮廷内部から発生する出来事だった。朝廷政治には権力闘争がつきものであり、その都度勝者は奢り、敗者には恨み（意趣）が積もる。敗者の怨念が怨霊となって勝者を襲う。菅原道真の霊がまさにこれだったが、慈円は古来の怨霊を列挙している（337）。井上《いのかみ》内親王は龍となって百川《ももかわ》宰相を蹴殺した、朝成《あさひら》中納言は任官争いに敗れて生霊となって一条摂政に取りついた、元方《もとかた》大納言が冷泉天皇を、顕光大臣は道長を、それぞれ怨んで怨霊となって責め悩ました、等々。ただし、このころは仏法が盛りだったため、怨霊が憑いても智行《ちぎょう》の僧が多く、その加持により大事になるのが防がれたという。現代では、保元の乱に敗れた崇徳院と頼長の霊が記憶に新しい。乱から二十年、安元三年（一一七七）になって改めて崇徳には院号を、頼長には太政大臣を宣下して霊を鎮めた。両者に関しては、寿永三年（一一八四）にも霊を祀っている（263）。白河法皇に蟄居を命ぜられた忠実も、悪霊の噂が絶えなかった。

だが、以上は要するところ朝廷社会の権力闘争の敗者が、怨霊となって勝者に恨みをぶつけることである。権力闘争が絶えなかっただけに、怨霊の恐怖は消えなかった。怨霊を抑えるにも、したがって朝廷社会での霊験者による加持祈禱で対処できる。そう信じられていた。いずれも狭い世界内部の出来事であり、問題を内部に閉じ込めておくことができたろう。

けれども、実のところ、怨霊が貴族社会の外部に溢れ出てしまうところに、慈円たちを脅かす隠れた要因があった。すでに菅原道真の霊は、北野の御事として広く京の住民を巻き込む事件になっていた。朝廷は慌てて洛外北野の地に天神を祀った。慈円も認識している。「怨霊というものは、かねて現世で深く意趣を抱いた者が仇に取り憑くことである。こうして、怨霊の恐怖は小家から天下にまで及ぶ」。

その小家や世間では、怨霊はもはや権力闘争の敗者の霊には限らない。祟《たた》りの原因が誰の怨霊とも、もう特定できないのである。天狗とか悪霊、さらに狐《こ》狸《り》のたぶらかしまでが想定されるようになる。御霊とか霊鬼とか呼ばれる。慈円自身がこれに関与した。建久七年（一一九六）に、兼中《かねなか》という身分の低い男の妻に故後白河天皇の霊が憑依して、「我を祀れ、廟を作り、荘園を寄進せよ」などと言いだした。朝廷での詮議の結果、この夫婦は配流された。また、建永元年（一二〇六）になって仲国《なかくに》という法師の妻にまた故後白河の霊が乗り移って、「我を祀れ」などと言いだした。このときも公卿詮議は紛糾したがこれを信じて後白河の霊を祀るばかりになった。事態を聞き知って慈円が大略次のような手紙を書く。「これは怨霊ではありません。ただ狐天狗などが取り憑いてそのモノの申すことを信じて言いだしたことです。言うとおり廟を祀ったりすれば、世はじきに滅びてしまいましょう。言うとおりにするとしても、よくよく祈請なさって真実であるとの神仏の感応を得てからにすべきです」（292）。後鳥羽院はこの意見を聞こし召して「我もさ思ふ。めでたく申したるものかな」と仰せになった。そこでまた詮議があり夫婦を流刑ということになったが、慈円はさらに意見を具申した。「本当に心から出た言葉ならば、二人を流刑にするのはもっともな処置です。けれども、これは狐天狗が狂女をたぶらかして言いだしたことです。人が病だからという理由で御上が罰すべきことではないのですから、押し込めぐらいが穏当でしょう」。院はまた「いみじく申したり」とご嘉納されて、流刑は沙汰やみとなった（293）。「この院の御事はやんごとなくおはします君なり」と、慈円は満足である。実は、この二件の話には裏に院をめぐる権力争いがあったようだ。以前にも慈円の筆に登場した仇敵の浄土寺二位（栄子）や卿二位（兼子）などの側近の女たちが、後白河の霊だと信じて後鳥羽を焚きつけたという。慈円はこれに勝利したのである。

それはともかくとして、これらの出来事では霊が憑いたのはもはや敗者の貴族高官ではないし、後白河の霊が誰を恨んだとも特定できない。国仲の妻の場合には、兼実の息良経の急死が後白河の霊の仕業かと公卿詮議は疑ったらしいが、慈円自身がこれは天狗や狐の仕業だと見なして処理している。

「もしもこのような賢い人がいなかったら、(先の狂女が言いだしたような)不可解なことも実行に移されて、この国もいったんは悪魔のいうなりになってしまっていたろう」と、慈円は自慢している。怨霊・モノの気にたいしても慈円の対処は政治的だった。だが、怨霊が貴族社会から解放されてしまえば、後は百鬼夜行状態が京の闇に跳梁跋扈することになる。試みに『今昔物語集』から抜き出して見れば、わけのわからないモノの霊は宮中にすら現れた。小松(光孝)天皇の御代(八八四―八八七年)のこと、若い女官三人が連れ立って武徳殿の宴の松原を帰ってくる。八月十七日の夜、月の光が明るい。すると、松の根かたに男が一人現れて、女の一人を差し招く。木陰で男女は手を携えて何やら話し込んでいる。残された二人は用件の済むのを待っていたが、ふと気づけば松の下には影も見えず物音もしない。怪しんで近づいて見れば二人の姿はなく、ただ女の足と手がばらばらに散らばっていた。女たちはびっくり仰天して衛門の詰め所に駆け込んだ。現場検証に及ぶ。

切り刻まれた屍などはなく、足と手ばかりが残されていた。鬼が人形《ひとがた》になって現れこの女を食らったのだと、集まった人びとが騒ぎ立てた（巻二十七第八）。また、太政官府で夜明け前に政務が行われていたころの話である。上司の弁はすでに出勤しているらしい。遅参した下僚の史が、慌てて庁の東の戸を引き開ける。しかし、中は灯もなく人の気配もない。明りをかざして見れば、弁官の座には所々に髪が付着した血まみれの頭があるばかり。辺りも血だらけであった。これは水尾（清和）天皇の御代（八五八―八七七年）のことである（同第九）。まだある。仁寿殿の放出に置いた御燈の油を夜半に抜き取っていくモノがいる。兵《つわもの》の家ではないが武の勝った源公忠《きみただ》が見張りに立ち、足音がするあたりを蹴り上げるや、後に血を残してモノは走り去った。以降は、油の盗難は止んだ。これは醍醐天皇の御代（八九七―九三〇年）のことだ（同第十）。以上いずれも、まだ内裏が荒廃していない時代のことである。

宮中でもこんな状態だから、いわんや京の夜の闇には魑魅《ちみ》魍魎《もうりよう》がうごめいている。『今昔物語集』巻二十七（霊鬼）の全四十五話（一話中途で欠）の舞台を見れば、記載があるもの四十一話中で京の内の出来事が三十一話を占めている。一例を除いて平安時代である。霊鬼の現れ方も多彩であった。人を害するが姿は見えない、柱の節穴から子供の腕が出るなど奇怪なものとして現れる、人形をまとう、そして狐の謀《たばか》りであることが後に判明するケースがある。これにたいして、宮廷社会での怨霊と験者の加持祈禱という『愚管抄』のような話は、『今昔物語集』にはほとんどない。

だが、ここに怨霊悪霊と慈円の調伏の例を取り上げたのは、慈円の功績を紹介するためではなく、また当時の魑魅魍魎、悪霊跋扈《あくりょうばっこ》の事実を強調するためでもない。慈円にとって怨霊と悪霊が重大な意味を持つのは、まさしくこれが自身の政治論の枠組みを揺るがしかねない危険だったからだ。先の仲国法師の妻の狐憑きの事件について、慈円が言及している。「この憑依の件はもっともなこととして、事件はすでに京中の諸人に周知のことになっており、近辺の評判になっています。そもそも、後白河院は下賤の者たちを近くに召しており、そのうちには世の狂い者といわれる巫女・こうなぎ、それに舞・猿楽の輩、また銅細工師とか何とか申す者たちがいます。今回の事件を見るにつけ、国仲妻の託宣に調子を合わせてこの者たちが騒いでいる思いがします」(292)。

つまり、怨霊にしても天狗の仕業にしても、もう狭い朝廷一家の範囲内に止め置くことができない。慈円の政治が上層貴族の閉鎖社会の内部をぐるぐる廻る出来事であり、怨霊などがこの政治の敗者の恨み言ならば、怨霊現象もまた政治内部の事象である。少なくとも、仏法の必死の加持によって、話を「世の中」(朝廷)に閉じ込めておくことができた。だが、怨霊は避けがたく「世の中」(社会)に漏れ出していく。評判が立つのである。こればかりか、広く悪霊の跳梁跋扈となれば、貴族社会というよりむしろ庶民の俗世での現象であり、後者が貴族世界へと逆流する。先に『今昔物語集』からその一端を示したように。この意味で、怨霊現象は『愚管抄』の歴史が綿々と綴る政治、朝廷一家の内輪もめの範囲をはみ出して、かえってこれを「外部」から壊す危険となるかもしれない。すでに、菅原道真の怨霊、天神様が庶民を巻き込んでしまっていた。慈円が冥界とこの世とを繋ぐ現象として怨霊と悪霊とを重視したのであれば、たんに朝廷政治を越えて、霊威にたいする本格的な考察が求められていたはずである。だが、仏教抜きの仏法ではたんに道具的に霊の被害に対処するのみである。

『愚管抄』での怨霊は以上のように貴族社会内部で終始する現象である。ところが、振り返って見れば、京を襲う自然災害と疫病に直面して、その原因となる霊を鎮めるのは平安初期からの朝廷の習いであった。神仏を動員した御霊会《ごりょうえ》である。そればかりか、御霊会は貴族から町民へとその主体が移っていく。今日に続く祇園御霊会はすでに天延二年（九七四）に始められたという。下って、永長元年（一〇九六）の祇園御霊会は京を上げての熱狂（オルギア）となった（永長《えいちょう》の大田楽《おおでんがく》）。また、摂津の百姓らが志多羅神《しだらがみ》（またの名は「菅公霊」とも）の神輿を担ぎ、京に侵入しようとして、朝廷に阻まれた（天慶八年＝九四五）。疫病にたいしても町民自らが御霊会を組織するようになる。「朝議に非ず、巷説より起こる」であった。こうなれば御霊会には芸能の披露がつきものとなり、京を練り歩くデモンストレーションである。仏事も行われる。朝廷はその都度神経をとがらせて中止に動いたという(以上、上川前掲書に詳しい事例がある)。

慈円とて民衆の宗教運動ともいえるこうした出来事を知らなかったはずはない。しかも、たびたび指摘するが戦乱とともに京を未曾有の災禍が襲っている。朝廷も祈ったが、被害者民衆も霊を呼び出し慰撫していただろう。だが、かかる惨状にたいしてと同様に、慈円は御霊の大衆化に目をつむっている。両方とも、ほかならぬ慈円の政治論の枠組みそのものを破綻させてしまう「外部の力」だからだ。何よりも、狭く内閉した政治世界を外から揺さぶる力だったはずである。近代的観念からすれば、むしろこれこそが政治を覚醒し揺さぶる一大要因である。慈円はおそらく気づきながら回避している。

6 法然往生、さる確かなこともなし

慈円の政治理念を外部から揺さぶるはずの力といえば、もう一つあった。浄土思想と法然のことである。時代は源信の『往生要集』(九八五年頃)から二百年余がたっている。浄

土教が比叡の山から下りて、京の貴族社会を広くとらえるようになっている。道長の法成《ほうじょ》寺をはじめとして、豪華華麗な弥陀の像と阿弥陀堂が作られた。今日宇治《うじ》の平等院や奈良の浄瑠璃寺にそのおもかげを留めているとおりである。そして、宗教かつ文化としてのこの世界に、法然の専修念仏の教えが現れた。慈円は先の悪霊騒ぎ（天狗憑き）のすぐ後に法然について触れている（294）。「また建永の年（一二〇六年）、法然房という上人がいた。京中に住んで近頃念仏宗の一派を立てて専修《せんじゅ》念仏を呼号している。「ただ阿弥陀仏とばかり念仏せよ、これ以外に顕密の修法はしてはならない」と言いだして、異様な愚痴無智の僧尼たちに喜び迎えられている。この専修念仏が強力に勃興して繁盛にも繁盛している始末だ」（294）。

ところが、法然の弟子の安楽と住蓮とが処刑され、法然自身も配流されるという有名な法難が起こった。慈円の筆によればこうなる。両人主催の六時礼讃には尼どもの帰依者が続出して、こんなことまで言いだした。「専修念仏の修行者になれば、女犯《にょぼん》を好むも魚鳥を食らっても、阿弥陀仏のお咎めは少しもない。専修念仏に入信して念仏ばかりを信じれば、極楽に迎えられることは必定《ひつじょう》だ」。そして、両人は京田舎さながらに受け入れられるほどになった。御所や仁和寺の女房のなかには、夜の法会に参加して帰らない者が出る始末である。処刑はこの咎のためであった。比叡山の大衆も専修念仏の弾圧に動いた。「まことにも仏法の滅相疑いなし」、「悪魔のしわざ」、「悲しきことどもなり」というのが慈円の専修念仏評価であった（295）。

法然（一一三三―一二一二年）はまさしく慈円と同時代の人であり、乱世のさなか一一七五年に四十三歳で山を下りて京で布教を始めたといわれている。もしも、この専修念仏が慈円のいうように「京田舎おしなべて」もてはやされていたとしたら、浄土教はもはや貴族社会をはるかにはみ出して、民衆下層にまで達したことになる。法然が残した消息文を見れば、いうところの煩悩具足の凡夫の一人ひとりに、倦むことなく繰り返して一向念仏を勧める法然がいる。実際には、浄土宗をはじめいわゆる鎌倉新仏教が全国的な宗派勢力となるのは、法然の死から百年近くも後になってである。京中にしても慈円がいうほど、「繁盛に繁盛して」いたのかどうか実態は分からない。いや、そうだったのであろう。法然の出現は南都北嶺に限られた仏法世界において、民衆的宗教運動の、その始まりとなった。法然には兼実が帰依しており、その流刑を回避しようと工作した。慈円自身も法然を流刑から呼び戻すために尽力したらしい。隆寛など慈円の弟子で後に法然に帰依した者も少なくない。京に戻ってからは大谷に法然の住居を用意したともいう（『法然上人絵伝』、岩波文庫、二〇〇二年、下一三六頁）。慈円は法然のすぐ近くにいたのである。逆に、専修念仏の運動は慈円のすぐそばまで迫っていた。「愚痴無智の異様な」下層民から湧きあがってくる新たな仏法の声を、慈円は自身の本格的な敵として扱うべきはずであった。だが、法然の死にたいする慈円の扱いは冷たい。「往生往生といひなして人集まりけれど、さる確かなることもなし」(295)。世の往生譚が喧伝するような瑞相、天の音楽や紫雲などが、法然の臨終に現れることもなかったというのである。

専修念仏の徒は当時どれだけの在野勢力をなしていたのか。これは別として、法然の登場が既成仏教を刺激したのは確かなことである。興福寺奏状（かの信西の孫、貞慶《じようけい》筆。元久二年＝一二〇五）がよく表しているように、法然が非難されたのは専修念仏（口称《くしよう》念仏だけで往生する）と唱えたからではない。余行、すなわちこれ以外の修法を排斥したからだった。その他すべての仏法を捨てたばかりか、神々への礼拝もなしにして、排他的な「党類」を結んでいるという告発である。しかも、由緒ある仏法の師資相承も踏まずに新宗を立てた。一向に念仏せよというのであれば、あるがままに唱えればいいではないか。どうして宗義を立てねばならないのか。共産党内部の分派ならまだ許せるが、かのセクトは「別党コース」を選んで自立したのである。朝廷はこれを禁ずべきだと奏状は冒頭で主張している。

奏状の非難の第二は、この排他的な党類が凡夫を騙しているという点にある。その布教手段たるや、摂取不捨《せつしゆふしや》の曼荼羅《まんだら》と呼ぶ怪しげな図を有難がっている。曼荼羅図とは本来顕密の学生行者《がくしょうぎょうじゃ》を本として、その外側にその他の善根をなす人びとが居並ぶ図のはずである。ところが法然一派の図では、光が照らすのは専修念仏の輩だけなのであり、この図を見る者は諸善を修することを悔いるようにできている。人にはそもそも上下・勝劣の別がある。帝王の政治を見よ。貴賤、賢愚の品に従って官を授ける。下賤の輩は功ありとも卿の位にはつけない。人には九品《くほん》の別があり、前世の徳業で決まる自業自得の理は必然なのである。それなのに、この党類はひとえに仏力に恃《たの》んで分を弁《わきま》えないのは愚痴の誤りに陥っている。その結果、愚痴の輩による浮言は雲の如く起こり、邪《よこしま》な偏執が泉の如く湧いている始末になったと、興福寺奏状は現下の状況を指摘した。

以上を要するに、専修念仏はもう仏法社会の内ゲバなどを越えて、この第二の世俗社会を外から撃つ力となっているということである。慈円にたいしてもこれは外部の力だったのであり、仏法の本格的な敵としてこれに対峙すべきだったというゆえんである。法然だけのことではない。『愚管抄』は一ヶ所で臨済宗の栄西にも触れているが、扱いは冷たい（297）。

7　知識人、慈円

法然の生涯は一瞥しただけで、ちょっと近づき難いほどに完璧に思えてしまう。幼いころに比叡山に入り、知恵第一の法然房と呼ばれるまでの学僧になった。世俗化した比叡山の出世コースからもドロップアウトして、黒谷《くろたに》の別所に隠棲して学問を積んだ。それなのに四十三歳になって卒然山を下り、専修念仏を唱えて凡夫救済の布教活動を始めた。晩年には教えは都の外にまで広がり、そのために権門の反発を受けて流刑に処せられる。配流は地方民に直接布教できるいい機会だと法然は言った。許されて京に戻るのは死の三ヶ月前のことだった。享年八十歳。弾圧は法然死後も続くが、半世紀を経ないうちに浄土宗は再興され、今日に見るような一大宗派に成長していった――。こうした生涯を垣間見るだけで、法然上人は敬して遠ざけるのが無難なように思えてしまう。

しかしそれにしても、京の都で動乱の真っただ中を生きた人である。保元の乱から承久の乱の十年前まで、世の中に関連した言動を法然は何か残していて当然に思えるのだが、それがまるでない。『法然上人絵伝』を見ても、「われ、聖教（仏教経典）を見ざる日なし。

木曾の冠者花洛に乱入のとき、ただ一日聖教を見ざりき」と、義仲の上洛に触れるといえば触れているばかりだ(『絵伝』上、四九頁)。法然没後に権門化した宗門が記録を破棄したのではと邪推したくなる。「紅旗征戎吾《こうきせいじゅう》がことにあらず」などとうそぶいていたはずはない。毎日、庶民信者と触れていた人なのだから。

法然が死の二日前の日付で残した「一枚起請文《きしょうもん》」の文言にこうある。

念仏を信ぜん人は、たとひ一代の法を能々学すとも、一文不知の愚鈍の身になして、尼入道の無知のともがらに同じうして、知者の振舞ひをせずして、ただ一向に念仏すべし。

「浄土宗の安心起行《あんじんきぎょう》、この一枚に至極せり。源空が所存、このほかにまったく別義を存ぜず」と、法然(源空)が言い残したのがこの一枚起請文である。たとえよくよく学問をした身でも、知識人の振舞いは捨て去って、一文不知の愚鈍の輩といっしょに、ただ一向に念仏せよ。かつて地方都市に住んでいたころ、寺町の一隅にこの文言を刻んだ碑があって、私は散歩の途次よくその前に立ち止まったものである。だが、ちょっと待っていただきたい。たしかに、知をさっぱり捨てようという決意めいた念は、私にも覚えがあった。

それでも私は結局、自分が無知の輩に同じだと信じたことはないのである。知恵第一の法然上人のお言葉とはいえ、学知が人の生涯に刻む痕跡は、無知の輩に交わって知者の振舞いを捨てることなどで消せるものではない。

もとに戻って、慈円はどうか。政治に向き合う慈円には教学の大家であり、また大の字がつく歌人であるという顔は、全然うかがえない。同様に、貴族社会の外に出て、愚鈍の輩と身を同じゅうするなどとは思ってもみない。権門寺院の政治家として『愚管抄』を書いているというのが、慈円の肖像である。自ら振り返ってみるまでもなく、自他共に認める当代の知識人なのである。繰り返すが学者学僧という意味ではない。だから、法然のような異端を端《はな》から排斥したりなどしない。かといって、自分の政治論に懐疑の目を向ける文学的な自意識もない。政治家が同時に知識人であり、知識人が政治家であって何の不都合も感じさせない時代だった。むろん朝廷の高位高官ではなかったが、政治の家である摂関家の一員であることを隠さなかった。そこに自己撞着はない。『愚管抄』の慈円があるのみ、そう見えるのである。『愚管抄』が政治論だというのも、その他の論ではありえないところに浮かび上がる政治が、そこにあるからというほかない。

第六章

敗北の政治思想

——乱世と知識人

1　政治はあるのか

この日本国に政治はあるのか。ここでは政治の結果責任もへったくれもないのであって、あるのは「政治であって同時に政治ではないという政治」ばかりではないか。堀田善衞が『方丈記私記』（ちくま文庫、一九八八年）でこう述べている（六六頁）。まるで、「僻事（道理でない）が道理になるという道理」という慈円の道理を、政治に置き換えたみたいだ。

だがむろん、堀田の言葉は『愚管抄』に関することではない。敗戦の年（一九四五年）の三月一〇日の東京大空襲から一週間後、作者は焼け跡を訪ねて、深川は富岡八幡宮のあたりで異様な光景に遭遇した。そこは焼け跡がすっかり整地され警備の憲兵などが大勢立っていた。そして、外車からなる車列がここに近づいてきて、「小豆色の、ぴかぴかと、上天気な朝日の光を浴びて光る車のなかから、軍服に磨きたてられた長靴をはいた天皇が下りて来た。大きな勲章までつけていた」。しかしそのことではない。近くで焼け跡をほっくり返していた人影が集まって来て、「それぞれがもっていた鳶口や円匙を前において、しめった灰のなかに土下座をした」。そして、「涙を流しながら、陛下、私たちの努力が足りませんでしたので、むざむざと焼いてしまいました、誠に申し訳ない次第でございます、生命を捧げまして、といったことを、口々に小声で呟いていていたのだ」（六〇頁）。目撃して作者は心底驚いて考え込んでしまった。あの小豆色の自動車から降り立ったお人は、こういうことになってしまった責任を、一体どうして取るつもりか。「ところが責任は、原因を作った方にはなくて、結果を、つまり焼かれてしまい、身内の多くを殺されてしまった者の方にあることになる！　そんな法外なことがどこにある！」翌日の『朝日新聞』には大見出しでこうあったという、「御徒歩にて親《みそな》はせ給ふ」（自らお見舞いに歩を運ばれ給う）。

堀田善衛は当時二十七歳、大空襲の三月十日から繰り返し『方丈記』を読んでおり、暗誦するまでになっていたという。当然、鴨長明が詳細に記載した京の惨禍と、大空襲の被害が重なり合う。後者について堀田は消防庁調査の詳細を記載しているが、そのほんの一部はこんなふうだ。「火災発生及延焼状況。単機又は数機に分散し低空より約二時間半に亘り波状的絨毯爆撃を続行せるため前記区域内に多発火災発生、折柄三十米の烈風に煽られて忽ち合流火災となり帝都の約四割を灰燼に帰し死傷者、甚大、一大修羅場を現出せり。都民の死は七二〇〇〇名、負傷者二一〇〇〇名生ぜり」（一三頁）。続いて、『方丈記』からも安元三年（治承元年＝一一七七）四月二十八日の大火についてほんの一端。「火の光に映じて、あまねく紅なる中に、風に堪へず、吹き切られたる焔、飛(ぶ)が如くして一二町を越えつゝ移りゆく。その中の人、現《うつ》し心あらむや」「或は煙に咽《むせ》びて倒れ伏し、或は焰にまぐれてたちまちに死ぬ」(一六頁)。堀田の『方丈記私記』は敗戦の惨禍の体験を基調低音にして書かれている。

慈円はむろん『方丈記』の作者と同時代人であり、同じ災禍を見聞きしている。同じく慈円の兄で摂関の兼実の日記(『玉葉』)から引用すれば、「言語の及ぶ所にあらず、日本国の有無ただ今明春にあるか」。堀田は天皇にたいしてと同じように兼実にも怒っている。「京都貴族代表としての藤原兼実自身が、ぬけぬけと無責任なことを言い出す始末である」と(六八頁)。なにが「日本国」なものか。「兼実の心持としては(日本国は)彼らの貴族エスタブリッシュメントに限られたものであったろうと註しておきたい。一般人民のことなどは彼らの「日本国」には入りはしない」(四九頁)。

堀田善衛の『方丈記私記』は一九七一年の作品である。堀田は同じく六八年にはワルシャワにいてソ連軍のポーランド侵攻を目撃している。本書には敗戦の経験ばかりか、かの六八年の世界的な騒動が明らかに反映している。これは『方丈記』の鑑賞でも解釈でもない、「私の、経験なのだ」と冒頭に記しているとおりである。

では、慈円『愚管抄』はどうだったろうか。

2 「世の中」という政治

私は『愚管抄』を慈円の政治論として読んでいるが、この書物に「政治」あるいは「政事」という言葉は登場しない。「政《まつりごと》」は出てくるが数ヶ所にすぎない。では、何故ことさらに政治か。実のところ、『愚管抄』では「世」あるいは「世の中」という用語が頻出しており、これが慈円の住む世界とそこでの政治を指す言葉になっている。今日と同様に一般社会を意味することもあるけれど、「朝廷社会の政治」と読み換えた方が通りがいい場合が大部分だと思う。実例はすでにあちこちに登場したが、ここでは世（世の中）が直接に宮廷政治を指す例を引いておく。

大方世の中には三条内大臣公教、その後の八条太政大臣以下、さもある人びと、「世はかくてはいかがせんぞ。信頼・義朝・師仲等が中に、まことしく（正しく）世を行ふべき人なし」。（230）

これは平治の乱に「さもある人びと（政権当事者）」があたふたする場面であるが、最初の「世の中」とは朝廷内の政治中枢そのものである。後の「世はかくてはいかがせん」と「世を行ふべき人」とは、乱に対処すべき「さもある人びと」の政治処置を端的に指している。「（後白河法皇が）世をば久しく見たり（長いこと国の政治を差配してきた）」、「世のひしと落ちゐぬる（国の政治がしっかり安定した）」といった使われ方は多い。要するところ、以上で「世」とは朝廷における朝廷による政治のことである。

では、一般に、慈円にとって政治＝世とは何を指していたのだろうか。次の一文を見よう。

大方世のため人のため善かるべきやうを用ゐる。何事にも道理詮とは申すなり。世と申すと人と申すとは、二つのものにてはなきなり。世とは人を申すなり。その人にりて世といはるる方は公け道理とて、国の政にかかりて善悪を定るを世とは申すなり。人と申すは、世の政にも臨まず、すべて一切の諸人の家のうちまでをお（を）だしくあはれむ方の政を、又人とは申すなり。その人の中に国王より初めて賤しの民まではべるぞかし。（328）

以上を私訳する――「一般に、世のため人のため善かるべく計らうのが肝心だが、何事にも究極の道理というものがある。世と人とは異なる二つのことではなく、世とはまた人である。人にとって世といわれる方面は、公の道理に則って国の政治に関わって善悪を定めることだ。人とは、国の政治に関わらず、諸人の一切が家政の安穏を専らとするやりくりのことである。その人のうちには国王から卑しい民までが含まれる」。

ここで言われている世とは既に紹介したように、朝廷の国政のことであり、その善悪を定め行うことである。これにたいして人とは、国王から民に至るまでの家政のこと、家政に携わる限りでの人びとの活動である。時代は家という単位で貴族社会が構成されるようになり、それぞれに家政を営むようになっていた。国政と家政とを含めた概念が「政」と言われているようである。そして、国政と家政それぞれのために最善を尽くすのが究極の政（まつりごと）の道理だという。しかし、この「政」とは区別限定して一方に国の政治「世」はあり、他方に家政「人」がある。このように、世と人とは今風に社会と個人のことではない。それゆえ、世と人とは別の二つのものではないといっているが、これは社会＝個人という社会有機体説の一種ではない。政治が特定の資格と身分の者の専管事項だというのは、前近代の政治体制では普通の考え方である。古典ギリシャのポリスとオイコスの区別の方が近い。世＝政治、人＝社会と言ってもいい。

こう確認した上でいうならば、『愚管抄』の関心は終始専ら世の中（朝廷政治）のことである。個々人の家産とその管理について触れることはない。それにそもそも「賤しの民」には家政のやりくり以外に余裕がない。だから、先の引用に続けて慈円が書いているように、専ら政治に関わる者として君主があり、それを補佐する摂籙の臣がいるということになる。彼らは始めから政治的人間として育てられ、政治（世の中）で生きると定められている。しかも、ギリシャの政治学とは違って、国政のうちに政治と国民（ポリスと市民）を区別する視点はまったくない。国政とは朝廷の中の政治である。それでいて、政治は家政から独立しているし、自立してあるべきだという見方では、古代ギリシャの政治観と一致している。

けれども、慈円が生きた時代は家が家として独立するようになる時代である。藤原氏でなく摂籙そのものでもなく、摂籙の家、九条家や近衛家が関心の的になる。すると、家の独立とともに家政が国政と矛盾対立することも出てくるであろう。朝廷内部の家と家との対立あるいは連携関係、つまりは権力争いが政治になる。政治は限りなく世にいう政治、陰謀のリアルポリティクスに近づいていくだろう。その分、「世の中＝政治」と「人＝社会」とが混淆するようになる。しかし、だとすれば、かかる現実政治には新たにどんな行為規範が働いていたろうか、働くべきであったろうか。実のところ、歴史の道理を言うとしたら、天皇と藤原氏摂籙の魚水合体体制の理念が崩壊するこの時点こそが、慈円に道理（規範）の思考を強いたはずである。この時点とはつまり慈円自身が生きた時代、乱世であった。乱世にこの権門寺院の政治家が体現した政治理念の崩壊とはどんな有様だったか。その時に、無意識にも慈円の言動を通じて立ち現れる政治の形がなかったろうか。

3 これぞ奇謀の定石

慈円の時代には朝廷政治が限りなく家政に、つまりは公が私に（「世」が「人」に）混淆していく。すでに第四章で歴史記述に即して触れたことだが、晩年の慈円が遭遇した一大事件に建久七年（一一九六）の政変がある。この時の慈円の政治の現場を具体的に押さえておくために、改めてこの政変に関する慈円の記述を追ってみる。「建久七年の冬のころ（十一月）、事件が起きた。摂籙の臣の九条殿（兼実）が関白を罷免され籠居させられた。関白は同じく摂関家の近衛殿（基通）に返して、中宮（兼実の娘任子）も内裏をお出になった」（280）。慈円自身も天台座主、法務、権大僧正、後鳥羽院の護持僧などすべて辞して雲水に出かけた。この建久七年の政変については『愚管抄』が基本の史料になっているようだが、慈円の入り組んだ記述を要約すれば以下の通りである（281以下。カッコ内は補った）。

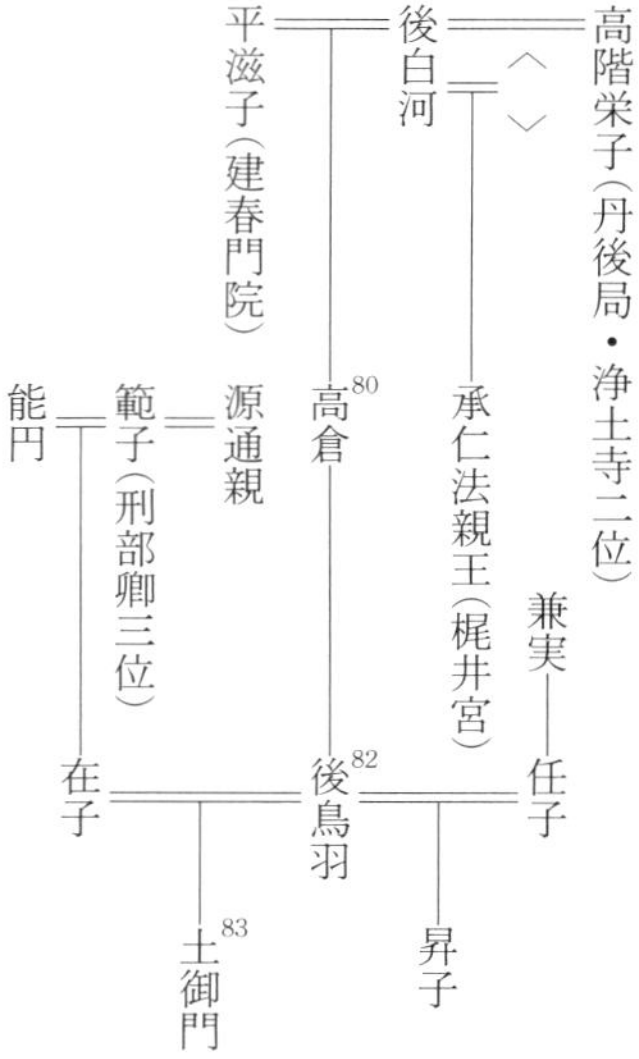

　頼朝は前年に妻政子と娘大姫《おおひめ》を伴って上洛したが、この娘を後鳥羽天皇の後宮に入れたいと切に願った。そこで（大そうな贈り物とともに）工作を依頼したのが通親《みちちか》大納言とその妻で後鳥羽の乳母の刑部卿三位（藤原範子）だった。この女には連れ子（在子）がいて、これも後宮に入れたいと目論んでいた（在子は兼実の娘任子中宮のライバルであり、前者は後の土御門天皇を産んだが任子の産んだのは皇女だった）。彼らに次の者たちが加担した。明雲《めいうん》（天台座主）の弟子の梶井宮（後白河息の承仁法親王）、この人は木曾義仲の法住寺合戦の時に生け捕りにされた人で、大人になって宮廷に出入りしているうちに浄土寺二位（高階栄子）と密通の噂が立った者だ。この者たちは後白河院の崩御の時に、播磨や備前などに大きな荘園を立てようとしたのだが、兼実によって阻止された。このほか、成経・実教などが諸大夫身分ながら宰相（参議）中

将になったが、これも兼実が辞退させた。これらの処置は、兼実がみな頼朝と言い合わせ、頼朝の目配せによって行ったことであり、まことに「善政」なりと思われた。だが、これに恨みを抱いた連中、さらに浄土寺二位が梶井宮を唆《そそのか》して通親をも説きふせて仲間に入れ、こうして反兼実陣営が形成された。

さて、後鳥羽の様子をうかがうに、兼実の善政が極めて高い評判を得ているのに遠慮して、いつもの御遊びも控えようとしているようだった。この様子を見て、栄子らは天皇にたいしては頼朝の意向はこうだといい、関東へは天皇は兼実にたいしてご機嫌斜めだと告げ口をした。表立っては知らん顔をして、確実なことを問い詰められたら頼朝にも天皇にも言い逃れをする準備をしていた。

これぞ奇謀の定石、「定まれる奇謀のならひ」だ（281）。また神仏の加護も途絶える時が来ていたのだろう、建久七年冬、この者どもが登場して、兼実が朝廷政治から追放された。中宮は八条院へ退出された。前の摂政基通に関白氏の長者の命が下った。上卿は通親、左小弁親国・職事朝経ということだ。この者たちは兼実流罪を申し入れたが、天皇がありえないと強く拒まれたし、告発すべき罪過もないので配流のことは沙汰やみとなった。かくて、弟の慈円は座主など何もかも辞して、梶井宮が座主になった。この人は翌年就任式を上げたがじきに病で入滅。霊験あらたかなることかなと人は言った。慈円の天台座主辞任を頼朝は大いに恨んだ。

以上、慈円は兼実の善政ということを繰り返しているが、現場はしかし、絵にかいたような陰謀公家たちの暗躍である。慈円にしても身内贔屓の言動を露骨に見せているだけである。たてまえとしてであれ、大所高所からの正義や天の声を判断基準に掲げるなど、まったくうかがえない。存在するのは摂籙家内部、九条家と近衛家の抗争である。問題になるのは人物と人脈だけだ。両家の対立はすでに平氏の時代に兆《きざ》していた。平家の都落ちの直後に、後白河院は近衛殿基通（兼実の兄の子）を摂籙に任命した。だがこの人は「ツヤ〱物モシラヌ人ノワカ〱（子供っぽく）ヲロカ〱トシタルニ、摂籙ノ臣ノ名バカリサヅケラレテ」（336）といった人物だ。「大方摂籙の臣始まりて後、これほどに不中用なる（役立たずの）器量の人はいまだなし」、あるいは「ただ人間の形をしているだけ」とまで慈円は酷評した。

娘の入内を画策する頼朝の政治意図についても、慈円は何の論評もしていない。これにたいして堀田善衛いわく。「だらしないのはむしろ頼朝の方である。革命家としての果断さと方法論をもたず、疑心暗鬼にとらわれている。長女の大姫を後鳥羽の後宮に入れようとして兼実の対抗勢力である、故後白河の側近であった源通親や丹後局の謀略にひっかかり、頼朝は京都の盟友を裏切ったと言われても仕方がないであろう」（『定家明月記私抄』

一一四頁）。いずれにしても、鎌倉幕府の朝廷との関わりがまだ固まらない時期の出来事だったのだろう。

ついでながら、このころの院政には女房たちの勢力が根を張っていたらしく、彼女らは宮廷の人事に大きな影響力を持っていた。浄土寺二位（高階栄子）、卿三位（藤原範子）、その妹の卿二位（兼子）などが、『愚管抄』にも繰り返し目の敵のごとくに登場している。これに関東を仕切っている政子を加えて、慈円は嫌味を言っている。「女人入眼の（女人が最後の仕上げをする）日本国いよいよまことなりけりといふべきにや」（304）。慈円の女人入眼の嫌味は今に始まったことではない。皇極《こうぎょく》天皇の時にわが国でも女帝が立ち、重祚《ちょうそ》することもあった。「女人この国をば入眼すと申し伝へたるはこれなり」（149）。これを仏法により考えると、母の出産の苦しみはいかばかりか。この苦を受けて結果として善人も悪人も生まれる。善人も悪人もみな女人たる母の恩である。ここから母を養い敬う道理も現れたのだ。妻后母后を兼ねたから神功《じんぐう》皇后も皇極天皇も即位した。よき臣下がいる限りで、ことさらに女帝を立てたに違いない。しかし桓武の後は、本物の女帝は末代には良からず、そこで「その后の父を内覧にして用ひしめたらんこそ、女人入眼の、孝養報恩の方も兼行してよからめと作りて、末代ざまの、とかく護らせ給ふと、ひしと心得べきにて侍るなり」。天皇の后の父を内覧に任じて政治を執らせることこそ、女人入眼と母への孝養報恩を内覧が兼行できてよかろうと定められた。このようにして、末代の政治を護るようにしたのだと理解すべきである（149）。薬子の乱についても、「悪しきことをも女人の入眼にはなるなり」とコメントしている（150）。

4　現実政治に規範はあるのか

「彼（慈円）は、その説く道理に照らし合わせてそれぞれの時代を論ずるに当たり、人倫的国家の理想をほとんど忘れ去って、ただ藤原氏の専権や摂録《（ママ）》の臣の権威を擁護することにのみ、力を注いでいるのである」。和辻哲郎がこのように『愚管抄』を評している（『日本倫理思想史（二）』、岩波文庫、二〇一一年、九六頁）。だが、慈円が「人倫的国家の理想をほとんど忘れ去って」いるというのは、本当のことだろうか。しかしその前に、藤原氏専制の合理化だとする『愚管抄』にたいする和辻の批判内容に寄り道しておく。論点はすでに歴史叙述に即して、私も指摘してきたことではあるが、和辻は『愚管抄』巻第七によって総括的に論じているので、慈円の政治理論にたいする批判のまとめとしておこう。

慈円は道理に基づいて日本国の歴史を七段階の推移として述べることがあった。歴史の第一段階は、「冥顕和合して道理を道理にて通す様は初めなり。これは神武より十三代まででか」(325)、すなわち神武から成務天皇までの時代だという。「冥の道理とは神的な道理、もしくは形而上的な道理であり、顕の道理とは自覚せられた道理、もしくは現実に実現された道理である」(和辻、九二頁)。あるいは、「目に見えぬ神仏の世界と、人間の世界とが和合して、道理がそのまま道理として通っている状態」(大隅前掲書、七〇頁)、これが始まりである。和辻によれば二つの道理がまだ分裂を知らない「自然的な時代」であった。このような「自然的な和合から分裂を通じて自覚に近づき、その自覚は過誤を通じて覚醒に達して行く」。これは「まさに弁証法的な展開である」と、和辻は慈円の歴史理論をまずは捉える。ヘーゲルの歴史哲学の即自、対自、そして即かつ対自への弁証法的な展開である。

だが、その上で慈円の歴史七段階を見ると、とても弁証法などというものではない。そう思わざるをえない。贔屓目に見ても、知者が過誤に覚醒する第三段階まで(敏達から後一条・道長まで)が、道理の弁証法といえるくらいだろう。すなわち、「その時道理と思ひてする人の、後に思ひ合はせて覚り知るなり」(325)。これ以降はまさしく末世なのである。ことに当代(後白河から後鳥羽まで)は、「無道を道理と悪しく計らひて、僻事になるが道理なる道理なり」の時代である(326)。和辻は慈円の七段階のそれぞれを検討して、論理としてもまた歴史の実際としてもこの理論は到底受け入れ難いと批判している。これは「藤原氏専権の道理」にほかならないとするのである。

もっともな批判である。だが、慈円の歴史区分を私は論じたくはない。『愚管抄』を「理論的歴史書」（和辻、一二七頁）として読もうとする限り、どうしても引っかかってしまうのが「道理の遍歴史」であるかに見えるこの慈円の時代区分である。『愚管抄』を政治論として読む私から見れば、慈円の歴史理論からは「著者の階級的立場」（和辻）というネズミ一匹の結論しか出てはこない。

和辻の『愚管抄』批判としてもう一点取り上げておく。そもそも神々の約諾として、日本国では同一血統の国王と同じく藤原氏の摂籙によって政治が行われる。これが慈円の政治の理念だった。その際、天皇についてはその器量を問うている。「この道理にて、国王もあまりに悪くならせ給ひぬれば、世と人との果報に押されて、え保たせ給はぬなり」（329）。実際に、藤原基経が陽成天皇を廃したような事例があったのである。これは儒教的政治から見ても正当な議論であろう。だが、血統による相続は必ずしも適任者を即位させないという論理は、そうであればこそ、ほかならぬ藤原氏自身にも適用すべきはずである。菅原道真の重用の事例などがすぐに思い浮かぶが、道真の配流に関して慈円がこねた屁理屈のことはすでに述べた。結局、「血統による相続の欠点を、皇室についてのみ言い立て、藤原氏については一言も言わない。これは明らかに偏執的な議論といわなくてはならない」、というのが和辻の批判である（一〇二頁）。しかし、必ずしもそうとはいえないことは、前章までにも見たとおりである。身贔屓が混じるとはいえ、摂関近衛家にたいする慈円の激しい批判のことを想起されたい。

さて、慈円の政治論が「鎌倉時代の公家階級特有の道理にすぎない」（和辻、一〇二頁）としても、この道理の内部に何か政治的規範といえるようなものはなかったのか。日々の政争を貴族たちは何を拠りどころにして判断し、切り抜けていたのだろうか。これがただの利権争いなら、平安時代の貴族政治が三百年の長きにわたって続いたろうか。慈円の政治が現実政治の次元に限定されていたとして、その日常のリアルポリティクスにおける政治家たちの規範である。儒教にいう天の声とか徳政とか、すぐにも思いつく模範道徳があるはずである。和辻も対比的に取り上げているが、晩年の慈円と同時代、北条泰時による御成敗式目（貞永式目）もまた「道理」を強調していた。確かに御成敗（紛争と裁判）の法だという理由もあろう、ここで道理とは明白に正義と公平を意味した。評定衆の起請文にあるとおりである。「およそ評定の間、理非においては親疎あるべからず、好悪あるべからず。ただ道理の推《お》すところ、心中の存知、傍輩を憚らず、権門を恐れず、詞を出すべきなり」（『中世政治社会思想　上』、日本思想大系21、岩波書店、一九七二年、三六頁）。

5 アリストテレスと聖徳太子を参照する

ところが、『愚管抄』における慈円の「階級的立場」から、政治の規範(正義)を見つけ出すのもまた容易ではない。現実政治を判断する際に、儒教的あるいは仏教的な規範を持ち出すことがたてまえとしてもないのである。やはり、「政治であって同時に政治でないという政治」しかないのだろうか。こうした政治の問いを念頭に置きながらも、『愚管抄』の政治は私事に堕しているという線をもう少し追っていきたい。

慈円の歴史理論は「人倫的国家の理想をほとんど忘れ去っている」。これが、和辻哲郎の『愚管抄』批判だった。延喜以降の藤原氏専権時代を通じて起こったことだという。藤原氏の振舞いは「実質上、国家を忘れて私事に没頭したものであった」(前掲、二七三頁)。国史編纂は途絶えて代わりに歴史物語、『栄花物語』や『大鏡』が作られて道長の私的栄華を顕揚した。だが、物語作者たちは公事と私事とを混同し、政治家に何を期待すべきであるかを見失っている(同、二七四頁)。

では、忘れ去られた「人倫的国家の理想」とは何か。和辻は明らかにアリストテレスの政治学を背景にしてこの言葉を使っている。もとより、古代ギリシャのポリスの国政は民主政を経験している。また、多数のポリスが国土に並び立っており、相互に対立しあるいは連携した。外国との戦争も経験している。以上を踏まえた上でのアリストテレスの政治学である。いずれも慈円の政治論が知ることのなかった事情だ。しかしそれでいて、アリストテレスの政治学は西欧の政治思想の変わらぬ参照枠であり続けたし、その限りで政治的であることの一つの範型として今に存在している。

アリストテレスの『政治学』は次のように始められている。「共同体はいずれも或る種の善きものを目ざしているが、わけてもそれらのうち至高で、残りのものをことごとく包括している共同体は、最も熱心に善きものを、しかも凡ての善きもののうちの至高のものを目ざしていることは明らかである。そしてその至高のものというのが世にいう国、あるいは国的共同体なのである」（全集15、山本光雄訳、岩波書店、一九六九年、三頁。引用は以下同様）。先に見たように、慈円もまた述べていた。「世のため人のため善かるべし」という究極の道理を目指して、国政も家政も行われなければならない。では、両者に共通して政治が目指すべき最高善とは何か。アリストテレスはいう。善とは国と個々人それぞれの幸福であり、幸福は徳と思慮に基づく行動によってもたらされる。そして、両方の幸福の一致が国共同体において実現される。「人間の各個人の幸福と国の幸福とは同一である」

（二七七頁）。なぜならば、「国が自然にあるものの一つであるということ、また人間は自然的に国的動物である」（七頁）からだ。

ここで自然とか自然的とかいう言葉は、本性上とも訳される。人間も国も、その持つ自然本性に促されるようにして究極目的のポリスを成す。人間は国においてはじめてその本性を完成させる、ということであろう。個人と共同体とのこの至高の一致が、和辻のいう人倫的国家の理想である。もとより、人間が本性上ポリス的動物だと見なしても、またこの人間が「市民」に限定されているとしても、現実の有様は千差万別である。だから、理想の国政では政治は人間をこの究極目的へ向けて育てなければならない。アリストテレスは最善の国政における教育方針について第七巻の後半を費やして論じている。理想の国家はまた教育国家でなければならない。人倫的国家の理想を求めることは国家の成員、とりわけ政治家と官人の務めである。

アリストテレス『政治学』は第二巻以降に理想の国政を論じている。すでにアテネの民主政が衆愚に堕した歴史を経験しているためでもあろう。貴族制と、法のもとでの王制をベターの国政としているようである。では、慈円の政治論が規範とすべきであり、最善の国政、「人倫的国家の理想」を掲げた王政といえるものが、この日本国に存在したことがあるのか。ある、それは律令国家だ、というのが和辻哲郎の主張である（『日本倫理思想史

（一）』、同前）。

まずは大化の改新の詔が公地公民を宣言した。これによって従前の氏族による私的支配を脱して、人民は公民として等しく国を構成することになった。いいかえれば、天皇の政府と人民との直接的関係の設定である。両者を仲立ちするのが官吏であるが、これによって法による支配が樹立された（前掲、一六〇頁）。その後、壬申の乱を経てこの体制は律令制として整備されていく。律令国家の実情、あるいは歴史的変質がどうであれ、その掲げた理想が後の政治の規範として重要だと和辻は強調した。律令国家が法の支配する王制だとしたら、王と国民を媒介する官人の倫理が鍵を握る。この点で和辻が重視したのが、聖徳太子の十七条憲法における公人にたいする諸規範である。

（1）共同体の原理として「和」を強調した。人はみな凡夫であり我に執し党派を結びやすい。これを防止して初めて人倫的共同体としての国が成り立つ。さらに「三宝を敬え」として、和とともに国家成員の倫理を仏教に求めた。

（2）君主制のもとで君・臣・民は上下秩序を守るとともに、君は民を私的従属関係でなく礼により統治しなければならない。神話思想にもとづいてでなく、天地自然の理による統治でなければならない。

（3）百姓の訴えにたいして公平な裁判に心がけ、正義を確立せよ。

（4）行政の基本は勧善懲悪。上にへつらい下に威張るのを止めよ。官に人を求めよ（人に官を求めるのでなく）。妬みを捨てよ。独断を廃して衆議に諮ること。

（5）そのために、官吏（政治家）の育成を制度的道徳的に準備しなければならない。

以上、十七条についての和辻の読み方にはアリストテレス政治学の響きが聞き取れる。そして和辻にとって、この憲法の精神は日本の政治思想の変わらぬ参照枠たるべきものであった。

同じく儒教にもとづきながら、聖徳太子の憲法は、封建道徳を説いたものではない。その主要な内容は、国家が人倫の道の実現であるという思想である。そうしてこれが日本においては永い間政治思想の伝統として生き続けた。実際の政治はしばしばこの伝統の規範を離れ、徐々に新しい社会構造を作り出すように動いて行ったが、しかし人が一度《ひとたび》政治の理論を求めようとすれば、ここに帰らざるを得なかったのである。

（同、一八六頁）

6 「失せゆく政治」という政治思想

さて、以上のような和辻の見方からすれば、藤原氏専権の政治も慈円の政治理論もこの日本の「政治思想の伝統」を「忘れ去ってしまった」といわざるをえない。政治は私事に堕して為政者は民百姓を忘れていた。聖徳太子の憲法十七条は国家原理というより君臣倫理の規範書であるが、試みにこれを慈円の描く君臣（君主と摂籙の臣）の言動に当てはめてみれば、彼らの規範喪失状態がいちいちに指摘できるに違いない。慈円は政治理論を求めようとしたが、これもかつて聖徳太子が設定した規範に「帰らざるを得なかった」、とは到底いえないように見える。何しろ唯一の規範的原理が、律令制をはるかに遡る神々の約諾なのだ。『愚管抄』は聖徳太子と律令制の時代をほとんどスキップしている。実質、平安時代以降が歴史なのである。だから、『愚管抄』には政治が充満していて、しかも政治思想がない。

だが、本当にそうだろうか。

延喜以降、藤原氏専権の下で人倫的国家の理想の伝統が忘れられた。このような和辻哲郎の評価は、平安時代を通じて慈円に至るまで、政治の規範がすっぽり抜け落ちているというに等しい。しかしこれでは、政治思想史のみならず政治史がこの時代には存在しないと断定するに等しい。文化の遺産があるだけということになろう。これはべらぼうな話だと思うが、和辻にたいする反駁は歴史家に委《ゆだ》ねておこう。ただ、『愚管抄』を通じて思うに、歴史的に特異な存在として、この時期に朝廷社会という小さなポリス（政治体）があった。事実上、京という盆地に限定された政治体であり、その家政は圏外・地方の民百姓に全面的に支えられている。ポリスに外敵がないから侵略の可能性も脅威もない。だから、軍人階級が存在しない。民百姓は外の世界にいるから叛乱の心配はない。この政治体はおおむね王家と藤原氏の諸人士諸階層によって排他的に構成されている。構成員は濃淡遠近の差はあれ藤原氏という血脈で結ばれている。この濃淡遠近が政治体の階層秩序を維持している。そのなかで政務（儀礼・仏事・家政）と陰謀とが前例を踏んで自動的に循環している。循環の原理は律令制を踏襲しているが、政治体に民百姓は属さない。だから天皇・摂関と民を媒介すべきものとしては官僚は存在せず、十七条憲法の官人倫理も空文化していて構わない。しかしだからといって、京という貴族社会のポリスは政治体であったし、いまあげた諸特徴からしてとびきりの政治体すなわち「世の中」でしかありえない。

このような純粋政治体が、和辻のいう藤原氏専権の時代に存在した。政治体である以上、これはまた倫理的共同体でなかったはずはないのだ。血脈人脈共同体とは倫理（人間の間柄の理）の定義のようなものである。慈円にとってポリスの追求すべき倫理的理念とは、まさしく「冥顕和合」という道理、遠く神代の神々の約諾である。藤原氏たるもの「世のため人のため」朝廷に伺候して君をお護りせねばならない。政治制度であるとともに人倫的理想であるこの魚水合体を、私はこれまで慈円の「政治理念」と呼んできたのである。和辻とは別の意味ではあるが、慈円は人倫的国家の理想を「忘れて」などいなかった。「すべての善きもののうちで至高の善きもの、これがポリスである」――慈円はアリストテレスのいうことを拒まなかったはずである。慈円の強調する「道理」をこの意味で倫理と読み替えることができるだろう。「僻事」（道理に合わないこと）とはポリスのあるべき倫理の侵害のことを指す。『愚管抄』はこのポリスを神代の約束事にもとづく君臣合体の政治体だと言い立てているが、しばしば「清和以降は」と述べるように事実としては清和ないし延喜以降、道長までの存在である。

では、このポリスの日常の政治規範はどうか。道長の時代、一条天皇からの勅問に応えて公卿たちの陣定《じんのさだめ》が下した新制十一ヶ条にこうある。

一、神事違例を慎むべき事

一、重ねて神社の破損を禁制すべき事
一、重ねて仏事違例を禁制すべき事
一、慥《たし》かに修理《しゆり》を加ふべき定額《じようがく》諸寺堂舎の破損の事
一、重ねて禁制すべき僧俗故無くして京に住み、及び車宿りと号する京舎宅の事
一、重ねて故無く意に任せて穢に触るる輩を禁制すべき事
一、重ねて男女道俗美服を着すを禁制すべき事
一、重ねて禁制すべき金銀薄泥を以て扇・火桶に画き及び六位螺鈿《らでん》の鞍を用ゐる事
一、重ねて六位已下《いげ》の乗車を禁制すべき事
一、重ねて禁制すべき諸司・諸衛の官人の饗宴・碁手《ごて》の輩の事
一、重ねて禁制すべき主計・主税二寮の官人、前分勘料（手数料）と称して、多く賂《ろ》遺《い》（賄賂）を求め、諸国公文を抑留する（不正に審査する）事

前半六条は仏事神事の励行であり、これは鎌倉幕府にまで続く恒例の最重要事項である。その次の四条は官人の華美贅沢の禁止であり、最後が賄賂と公文書偽造の禁止、まとめて官人の綱紀粛正である（大津透『道長と宮廷社会』、講談社学術文庫、二〇〇九年、六六頁）。この十一条からうかがえるのも朝廷社会と官人の日常的な規範である。聖徳太子憲法以来

の政治の倫理的規範がたてまえとしては存在していたに違いない。それがこのポリスの政治システムを循環させる暗黙のルールであったろう。慈円が政治の日常規範に表だって触れることがないのも、改めて意識にのぼることもない前提であったかもしれない。

だが、保元平治の乱をきっかけに、純粋共同体は瓦解の危機に直面する。これが乱世、慈円のいう末代悪世であった。政治的倫理的に自足してきた小さなポリスが滅びていく。それゆえ、『愚管抄』に政治が充満しているといっても、――この政治が日常の私的で階級的な利害関心の追求にすぎないものだとしても、そんな政治はとうに失せようとしている。「失せなんずる」と無下に繰り返す慈円の政治論の、その政治的立場が問われざるをえない。慈円の現実政治論を突き動かしている無意識の政治思想がある。私にはそう聞こえる。『愚管抄』が終始問題にしているのは官人の日常的倫理ではなく政治――それも政治体制そのものの存否だった。

『愚管抄』が十七条憲法に触れることはほとんどないが、その一つは次のようにある。「末代ざまはその人の心に物の道理といふものの、暗く疎くのみなりて、上は下を憐れまず、下は上を敬はねば、聖徳太子いみじく書き給ふ十七の憲法もかいなし。それを本にして昔より作り置かれたる律令格式にも背きて、ただ失せに世の失せまかることとこそ、こはいかがせんずるとのみ悲しきことなれ」(200)。これは後三条天皇と頼通の時代に関して書かれているが、このころはまだ「王臣近臣、世にあらん緇素《しそ》（聖俗）男女、これをよくよく心得べきなり」（199）と、慈円は規範的に述べることができた。規範が失せに失せまかることを嘆くのであるけれども。

しかしもう一ヶ所、後鳥羽院に諫言する承久のころになれば、憲法への言及もトーンが違ってくる（339）。慈円の引用によれば「嫉妬を止めよ」の第十四条と、そして「宝ある者の憂へ（訴訟）は易々と通るなり。石を水に投げ入るるやうなり。貧しき者の憂へは難くて通ることなし。水にて岩を打つやうなり」の第五条である。引用の前後の脈絡を見ると、朝廷一家における古来の暗闘の歴史を慈円が総括している。権力闘争があればその敗者が出る。敗者は怨霊となって勝者に復讐する。保元の乱に始まる後白河院の時代になればなおのことである。そして、慈円自身が九条家と近衛家の政争を経験した。この箇所でまた近衛殿基通にたいする悪罵が繰り返される。「忿怒を捨てよ」（第十条）という聖徳太子の諫めもどこへやらである。

こうしてみれば、慈円は十七条憲法を官人の倫理的規範として、九条家を含めた王朝政治家の個々の振舞いを批判して「理想」を対置しているようには読めないのである。聞こえてくるのはむしろ平安後期の政治史への非難と諦めである。「世の末ざま、当時（現代）の世間にはさる戒めのあるかとだに思はで」、物妬みと自是非他と追従 賂《まいない》とに耽っている。これが国政の難なのだ（340）。九条摂関家にかけた現実の希望も、神々の約諾への応答という慈円の政治理念も、保元以降ことごとく失われた。九条家が敗北して近衛の天下になったのならまだいい。そうではない。「ヒシト世ハ王臣ノ道ハ失セ果テヌルニテ侍ルヨト、サハ／＼ト見ユル也」（335）。君主と摂籙の臣の魚水合体の政治とその理念が、もう回復不可能なまでに崩壊している。貴族社会には嫉妬と怨霊ばかりがはびこっている。没落しつつあるのは貴族政治そのものなのだ。慈円はそう予感している。人間界では「怨《おん》憎会苦《ぞうえく》」（怨み憎むものに会う苦しみ）が必ず怨霊となって人を殺す。官職がそれに適した人を求めると太子は述べたが、この乱世では逆に人が官を求める。こういう慈円の怯えに似た諦念が聞こえる。代わって、鎌倉に不気味に居座っているのは武家という未知の勢力である。君主はこの新興勢力を摂籙の代わりと頼み、これと一体の体制を作らねばならない。せめても、九条家出身の将軍の誕生に慈円の政治理念がすがりつくしかあるまい。聖徳太子憲法の引用はこうした文脈の中に置かれている。

ここで『愚管抄』を離れて一般論になるが、政治的現実には二つの現れ方がある。通常、社会がそれなりに安定しているときには、政治とは支配的階級や国民の代表たちの執り行う活動である。いわゆる現実政治であり、これが国を治めることだ。通常、政治学とはこれを対象とする学問である。近代民主主義社会には別のたてまえはあるが、政治は事実上

「賤しの民」や「小家《こいえ》」の与《あずか》り知るところではない。そして、リアルポリティクスという意味で慈円に政治論が欠けてはいない。それどころか政治は『愚管抄』に充満している。歴史叙述を通じて終始、この意味での政治が扱われている。これまでにもその一端を垣間見てきたとおりである。『愚管抄』が現代の政治学と異なるのは、時代が違うからにすぎない。

ところが、政治にはもう一つの現れ方がある。非常時、例外状態の社会に姿を現し、為政者にその扱いを迫る政治である。まさに乱世だ。従来のリアルポリティクスの外部からこれを侵害してくる力にどう対処するか。為政者たちあるいは指導者知識人がこの事態に直面する。驚きうろたえ陰謀をめぐらし、徒党を組み直し、世論を再操作し、新たに政治論を書く。近世以降になれば、乱それ自体の内部で、この意味での政治と政治的言動が現れるようになる。レーニンとその党のことを想起してもいい。例外状態に応答するこうした言動のうちに、通常とは次元の違う政治の形をうかがい見ることができる。むしろ、例外状態の中でこそ、政治はその本性を露わにする。

過去の政治文書を調べる場合でも同様だ。そこに通常の政治の仕組みと、政治家たちの言動を見る。しかし、これが乱世の文書ならば、異質なものの侵攻にたいする応答としての政治が見いだせるに違いない。『愚管抄』は比較的政治が安定した時期と、文字通りの乱逆の時と、その双方にまたがって書かれている。二つの次元の政治が、必ずや慈円の言動に交差して現れているに違いないと期待される。政治思想として固まったものであるとは限らない。期待されるのは二筋の政治を込みにして理論化するメタレベルの政治思想のことではない。二つの政治が交差し対立しあい、一種収拾のつかない政治状況は、リアルタイムの政治文書に尖鋭に、しかし混乱した形のままに写し取られているに違いない。この混乱の中から、従来の政治とは様相を異にする政治が現前しているのを見分けたい。それが乱世の政治というものだからだ。

第二の、政治ならぬ政治の顕現ということをイメージしてもらうために、例をあげる。秩父事件は明治十七年十月三十一日に始まるが、その首魁とされた田代栄助という男がいた。この事件は当時の自由党が秩父盆地に土着して生まれた秩父困民党の一揆であるが、田代栄助はその「総理」であった。ところが、蜂起のクライマックスで栄助は次の言葉を残して渦中から姿を消してしまった。「斯ク八方敵ヲ受ケタル上ハ討チ死ニスルノ外ナシ、併シ一時寺尾村ヘ引揚ゲ山中ニ潜ミ、運命ヲ俟タン」。困民党の総理として、彼はあらかじめ一揆の展望に配慮していた。盆地の一時の蜂起だけで勝てるはずがない。蜂起の軍事、外部進出、資金、全国同時蜂起、東京の圧政政府への対抗策など多岐にわたる。だが、どう考えても展望が立たない。そこで土壇場に至って栄助は蜂起の延期を提案するのだが、血気にはやる貧民たちによって否決されてしまった。栄助の憂慮を振り切る形で一揆は暴発していき、この盆地を占拠するに至るのである。この時栄助が指導的メンバーの一人に言った言葉が残されているが、「前途ノ目的モ定マラザルニ頻リニ村民ヲ扇動シタルヨリ、軍装モ整ハザル前不時多人数集合スルノ不幸ニ遇ヘリ」。貧民蜂起という「不幸」に遭遇した叛乱の指導者の言葉である。だが裏を返せば、これは革命家にとってざらにはない幸運に遭遇することであった。

田代栄助は秩父の自由党員と貧民の双方から推戴されて総理になったのだが、もともとは盆地一円の任侠博徒の親分といった人物である。「自分は性来強を挫き弱を扶くるを好み、［……］子分と称する者二百有余人」と述べている。政治思想による自由党員とも、借金農民とも違ったこの栄助の立場が、一揆の展望への憂慮を彼に抱かせたのだった。それに、都会育ちの自由党員とは違った意味でだが、借金棒引きを求める貧民の集団的暴行などは、栄助の任侠道にとってもそのまま是認できるものではなかった。こうして、一揆という行動への参加でなく、その指導という政治が栄助総理という姿を取って立ち現れたのである。高利貸を打ち壊して借金証文を焼いたり、役場を占拠したりの行動は一揆の伝統的戦術であり、ほっておいても貧民たちが決定できることである。だが、蜂起が狭い盆地から溢れ出る展望に関する配慮は、貧民たちの政治行動から自然に出てくるものではない。東京の自由党が指令するものでもありえなかった。ただ総理田代栄助だけが、無意識にも体現した政治だった。栄助の政治的展望は実現の見込みを欠いていたし、蜂起延期論は言い逃れと受け取られ、結局総理としても無能であり、叛乱の頂点で逃亡してしまう指導者だった等々、叛乱の指導という政治は形をなしえなかった。にもかかわらず、栄助の言動を通じて、秩父困民党の政治は明らかに二重の姿で現れていたのである。田代栄助のような人物が存在したということが、秩父事件の政治的達成であり、同時代の自由民権運動のうちでも群を抜いた蜂起だったゆえんである（引用は『秩父事件史料』、埼玉新聞社、一九七〇年、による）。

ある時、ある所に、ある人がいた。この人が有能か無能かでなく、後世に何を残したか否かでもなく、このシーンをイメージできることだけが大事なことだ。いつの頃からか私はそう思うようになった。

7　立ち現れるもう一つの政治

秩父困民党総理田代栄助にもう一つの政治を強制した力は、貧民の蜂起ということだった。一般に、リアルポリティクスをその外部から脅かす力とは、外敵の侵攻であり、天変地異の襲来、国政の深い亀裂である。従来政治の圏外にいた「賤しの民」たちの叛乱が外部からの力となる場合もあろう。そしてまさしく、慈円の時代にはこうした例外状態が、もう例外などといえないほどに、次々に襲ってきていた。天文変異、落雷、地震、洪水、大風、降雹、大火、飢饉、悪疫、群盗、僧徒狼藉、怨霊、そして兵乱。足りないのは外国の侵略くらいのものである。まさに「世の末、悪世末代」（慈円）、「我が朝滅尽の期なり」（兼実）、「末代の滅亡、慟哭して余りあり」（定家）の時代であった。文字通りのこの悪世末代に、慈円の政治はどんな現れ方をしているか。承久の乱に至るまでの歴史状況に即応して、この有様を点検していくことができるだろう。これまでの章で見たとおりである。自らの家を含めて世の末の政治を嘆き非難し続けた慈円、その筆を駆動した力として、逆説的ながら、私はそこにもう一つの政治を認めることができると思う。

新しい事態にたいする政治的で倫理的な規範を新たに主張する、という意味では『愚管抄』に政治はない。だが、長く栄華を誇ってきた貴族社会の没落に直面して、一種悪あがきともいえる慈円の政治論に、かえって聞き取ることができる政治の形がある。裏目読みには違いないが、政治論としての『愚管抄』にたいする私の関心はここのところに収束していくようだ。後鳥羽院にたいする諫言として書かれた最終巻（第七）はことにそうだ。

慈円は道学者然として政治の道を説く者たりえなかった。逆に、「政治が同時に政治でないという政治」に慈円は居直ってはいない。このような形で日本国の政治のイデオローグたりえなかった。そんな政治はとうに失せていたからである。

関連して、慈円の同時代人、藤原定家に簡単に触れておきたい。堀田善衛の『方丈記私記』や『定家明月記私抄』から読み取れる定家のことである。定家の和歌たるや、「世界の文学史上、おそらく唯一無二の美的世界」を作りえた。飢饉悪疫の悪臭漂う世の巷とは絶対的に隔絶した、「芸術のための芸術」の世界だったと堀田は述べている。

というのは、この和歌なるもの、たとえば千載和歌集などから以後の、とりわけて新古今集などになると、歌集の全体としては、よくもまああの動乱、権力闘争、朝廷一家の底の浅い陰謀、腐敗、堕落、関東武士の野蛮、残虐、ほんの少数の例外を除いての僧侶たちの厚顔、狼藉、暴行、それに全体的飢餓、火事、地震、悪疫、戦乱と窮乏などのことを越えて、あるいはまったく無視し得て、よくもあれだけのことをなしえたものだとつくづくと、ほとんど呆れるほどの心持でもって感銘をするのではあるが、

［……］

（『方丈記私記』一二八頁）

ここに列挙されている時代の病弊の数々。この乱世にあって、日本国にはたして政治というものはあったのか。そういう堀田善衛の感嘆については既に触れた。ところが芸術は、しかもとんでもない芸術の世界が、そこにはあったのである。なぜこんな現実拒否が可能だったのか。堀田によれば、いわゆる古詞新情といわれる定家の歌論を見ればいい。和歌は現代の日本語ではだめだ、三百年も前の『古今集』時代の日本語を「本歌取り」として使わねばならない。歌によって歌を作ることであり、現代日本語と現実を歌うことの拒否である（『方丈記私記』二一九頁）。もとより、たんに技法の問題ではない。ほかでもない、宮廷貴族集団の「全的崩壊、崩落の時期が来ていたということである」（同、二二四頁）。その崩壊の予感と無力感に怯えるようにして、現実の言葉と社会を拒絶した芸術が、しかも飛び抜けた達成を見せたのであった。両者の目に見えない緊張を定家の和歌と生活に見ることができるということであろう。

その定家の生活といえば、これはもう宮廷儀礼の繰り返しである。「この時代の、兼実の玉葉日記、定家の明月記に、もっとも情熱をこめて書かれてあることは、世の移り変わりでも何でもない。歴史を体しての歴史の予見、すなわち自己変革でも何でもありはしない。それは宮廷の、儀式、典例、衣裳、先例、故実、行列の順番、席次など、まとめて言って有職故実であり、［……］定家は、三月に冬の衣裳を着て宮廷へ上がって来てクビになった公卿のことをしるしていた」（同、二三四頁）。

堀田の『定家明月記私抄』（ちくま学芸文庫、一九九六年）はその生活を詳しく抜き書きしていて面白い。定家は九条家の家司であり、また和歌を通じて後鳥羽院に仕える身だった。その後鳥羽の行動の偏執狂ぶりがまた半端でなかった。「さてこの頃（建仁二年＝一二〇二）になると、二十三歳の後鳥羽院はまったく気が狂ったかと思われるほどに遊蕩、遊山、博奕、蹴鞠、競馬《くらべうま》に鶏合《とりあわせ》、賭弓《のりゆみ》、遊女あそび、それに処々方々に別荘を作る土建狂い、造園、琵琶その他による音楽、隠れんぼに双六などに耽りはじめ、ひょいと思い付けば女官の車だろうが何だろうが、「惣じて毎日毎夜この儀あり。牛馬を馳せらる」という次第であり、押し掛けられた家では朝まで遊宴、ご機嫌取りどもは別として、大抵の連中にはたまったものではない行状に及んでいたのであった」（『定家明月記私抄』二六頁）。後には和歌にものめり込んで並々ならぬ達成を見せた。堀田のいう「大遊戯人間」である。定家はいちいちこれに引き回されてへとへとになる。『定家明月記私抄』は繰り返しそのさまを抄出している。後鳥羽はしまいには戦《いくさ》までしでかしたわけで、承久の乱にはそのゲーム感覚が付きまとう。まわりの者はまったくたまったものではなかったろう。それでなくても、定家などの中級貴族の生活は毎日がやたらと忙しい。行成の『権記《ごんき》』などを覗いて見ても、この太政官（蔵人頭）は内裏と道長宅と自宅と、さらに女院のところへと毎日夜遅くまで駆けまわっている。

こうして、宮廷生活は些事私事で充満しており、他方ではこれと無関係に戦乱、飢饉、その他が蔓延している。そのなかでの、『新古今集』の達成である。定家十九歳の時（治承四年）の名高い一文、「世上乱逆追討耳に満つといえども、これを注せず。紅旗征戎《せいじゆう》吾がことにあらず」がある。東国に蜂起した源氏（戎）を討伐するために（乱逆追討）、紅旗を押し立てて平家の軍隊が続々と都を出立している（紅旗征戎）。だがそんなこと、俺の知ったことか。この一文は芸術家青年定家の現実拒否として知られている。しかしその実、このパセティックな拒絶の姿勢の裏側で、圧倒的に耳を聾する現実をこれまたパセティックに意識している。そうであったかもしれない。けれども、宮廷政治に疲労困憊している定家を見れば、芸術と俗事とはそのままが生活であり、近代の芸術青年のように両者のアンビバレンスを意識しているようには思えない。世上の乱逆追討も、たんに「吾がこと」でないだけ、完全に無意識無関心の世界にいるというだけのことかもしれない。先の一文はずっと後に加筆されたという説があり、またそもそもが漢家の一文を引いたもの、これも本歌取りなのである。

そうはいってもしかし、定家ら象徴詩人たちの芸術が至高の達成を見せたのだとしたら、それは滅びゆく貴族社会と、貴族社会を崩壊させる圧倒的で異様な力の侵攻とを、無意識にも背に受けた達成であったかもしれない。ひるがえって、『愚管抄』の慈円はどうか。定家について指摘された乱世の惨状はまた慈円の現実だった。その現実にほとんど無関心だったのも同様である。それでいて、乱世における政治、ポリス（政治体）の推移には並みでない関心を向け、これを政治論として定着させようとした。だが、本書でこれを追ってきたとおり、慈円の歴史思想も政治論も到底新たな至高の達成とは見なせない。現実とは無関係に、貴族・政治家・道学者の絵空事の理論ともなりえなかった。『新古今和歌集』たりえなかったのである。

しかしそれでいて、慈円の現実政治へのこだわりも身贔屓も、この政治を崩壊させる内外の力にたいする、定家と同様な無意識の感応ではなかったか。滅びに恐怖して両者ともが古代からの規範にしがみついた。強弁みたいに聞こえるだろうが（事実そうなのだが）、神々の約諾のために菅原道真は自らわざと時平の讒言を仕組んだ、というような慈円の屁理屈の数々、この現れに「政治」がある。『愚管抄』からは乱世に立ち現れるもう一つ別の政治が聞き取れる。

終章

諫言ふたたび

とくとく頓死し侍らばや

朝廷貴族が自らの墓穴を掘った承久の乱（一二二一年）、その前夜に首謀者後鳥羽上皇を諫める言葉を慈円は綴った。保元の乱からすでに七十年近くがたっている。まさしく「世も末」の政治が混迷を深めており、どこへ行こうとしているのか。これはまた政治に賭けた慈円の理念が裏切られ続ける七十年だった。「待つべきことも頼もしくもなければ、今は臨終正念にて、とくとく頓死をし侍らなばやとのみこそおぼゆれ」（354）と、慈円は感慨を漏らすこともあった。承久の乱の年に慈円はすでに六十七歳、そして乱の四年後、嘉禄元年九月に没した。鎌倉の北条政子が亡くなるのも同じ年のことだった。

『愚管抄』はこうしたなかでの慈円晩年の諫奏であり、これを読むことから本書を始めた。第一章で見たように、ことここに至ってもなお慈円は自らの政治理念に賭けようとしている。いまやその唯一の拠りどころが、摂関家出身の将軍なのだった。第一章で紹介した諫言は続いて次のように終わっている。

文武兼行の摂籙が出現しようとしているいまこの時に、もしも君にこれを憎む御心が出てくるとしたら、日本国の運命もここに極まると悲しい限りである。この摂籙の臣には君に背く謀反の心などはない。これまでに比べてただ少しばかり強面《こわもて》で扱いにくい存在であるかもしれない。だが両者合一して、事に臨んでは道理に従って万事を治めていくべきである。同じく、両者ともに天道にお任せし、無道を行えば冥罰が下ると心得るべきである。末代の君がひとえに我意を通して政治を行い、そのため難事が現れ出てくるようなことがあれば、王朝百代を待つことなく世は乱れ廃《すた》れてしまうだろう。摂籙将軍にははばかることなく道理を仰せ含めて世を治めるべきである。かくてこそこの世は暫しでも治まるだろう。これは神々の沙汰と心得て、よくよく心がけて神明のお計らいの定めにかなうよう思し召し計りて世を治め給え。冥界の神々などおらぬなどと申すは、不遇にあって恨み心で人のいう口癖である。この世界の終わりまでも、冥界の神々のいないことは片時もない。ましてこのように道理に沿って事を運ばんとするとき、今日でもあらためて確認すべきことである。(348)

ここで「神明のお計らい」の定めとは、天皇・摂関家が合体して世を治めよという神々の約諾のことであり、慈円の政治理念であることは断るまでもあるまい。そして、慈円はことここに至っても、神代のこの約束が神々の沙汰として働いているのだと主張する。「誠ニハ劫末マデモ冥衆ノヲハシマサヌ世ハ片時モアルマジキ」である。しかし、慈円にとっては、この理念はいつも現実政治の検証を求めてやまない。世も末の政治は理念を辱《はずかし》めるばかりであったが、それでも理念の最後の検証として摂籙将軍が期待された。将軍候補の頼経は九条家の出身であり頼朝とも遠縁なのだから、武者の時代における新たな摂籙として神々の約諾にも違わぬ存在である。文武兼行のこの将軍家を臣として、新たに君臣魚水合体の政治体制を確立すべきだし、それができる。慈円の変わらぬ政治理念がそう訴えている。これはまた慈円晩年の政治的遺言であった。

摂籙将軍のことばかり思いつめて申し述べているようだが、これが今日のあり様だからそれにすがって言っているばかりだ。他の将軍だとしても同様のこと、そう考えて君も世を治め給え。将軍に謀反の心が起こって運が尽きるなら、その時は滅びるまでのことである。実朝の死に方や平家の滅び方を御覧あれ。逆に、将軍に内外過ちがないならゆえなく憎んではならないと仔細を申している。ゆえなく憎むのは、悪人輩の近臣男女が仕組んでいることだ。この点を上皇がおわかりになることが肝心のことである。（349）

これはまた、とんでもないことどもを書き付けてきたものだ。自分がこれを書いていながら、我が身のすることとはとても思えない。いまさら陳弁これ努めても始まるまい。あわれ、神仏が物いい給う世ならば、是非ともお伺いしたいものである。（350）

政治の書『愚管抄』

最終的に頼経が鎌倉に送られるまでに、実朝亡き後の後継将軍問題には複雑な駆け引きがあったらしい。『愚管抄』は北条政子が後鳥羽の皇子を将軍後継に求めたが、国を二分することになると上皇が断ったと書いている。実朝暗殺後のことである。だがこれ以前に、実朝の後見を前提にして皇子をその後継に差し出す政略が、上皇と実朝の間にあったらしい。後鳥羽とその朝廷は、まだ人事によって武士を操ることができると思いこんでいたのだろう。承久の乱にあっても、朝廷は幕府でなく北条義時一派の追討を掲げることによって、鎌倉を分断して操れると信じたのと同断である。摂籙将軍頼経にたいする慈円の期待にはもう何の現実的根拠もない。それに、頼経はまだ二歳、慈円の期待は勢い理念的象徴を頼経に見いだすほかはないだろう。

慈円は武者の世の到来をこんなふうに総括している。「その折々の道理に合わせて考え、しかも道理なき僻事が企んでこんな世の中にしたことだと、読者が覚り納得するように書いてきたのである」（317）。『愚管抄』は乱世に我が一門あるいは一党の敗北の歴史を書くことの難しさ、いや背理を示している。無常と詠嘆の情緒にまぶして没落を物語ることを排して、歴史に何とかして政治の理を通そうとする。歴史を記述するだけなら、成功の時代から失敗に至る政治史を書けばよろしい。だが、自らが歴史の一員であるからには、全体を貫く道理を見いださねばならない。これが歴史の知の政治化ということである。通常ならばこの知はまた権力の証しとなる。けれども、慈円は乱世の歴史を通覧すればこそ、一門の失墜を自らに納得させなければならない。これが敗北の政治思想である。『愚管抄』の主張する「道理」は、道理でありまた「道理に反することの道理」を融通無碍に使い分けた。これぞ政治の知であって、そうでないとしたら他の何と呼べばいいのか。本書で繰り返し指摘してきたように、台密の大家慈円の神秘主義も、漢家の知識を振り回すだけの道学者風も、『愚管抄』にはまったくのところ現れていない。記述は「歴史」に限りなく近づいている。これまで歴史書あるいは歴史思想と『愚管抄』が見なされてきたゆえんである。だが、動乱の時代を経た一門一党の政治の「総括文書」としてこれを読めば、そこに終始立ち現れるのは敗北の政治思想というほかない。

慈円は建保二年（一二一四）に四度目の天台座主を辞した。それ以降、承久の乱（一二二一）を間に挟んで死去するまでの十年余、『愚管抄』の執筆を除いて、慈円の去就は知られていない。

あとがき

慈円の『愚管抄』を初めて通読した時は、藤原摂関家の身贔屓の理屈（道理）ばかりが目について、そのまま読み捨ててしまった。貴族社会の現実政治を追認する屁理屈しかないと。けれども、この理屈には「世も末」「政治は滅び失せる」という慈円の連呼が伴っていて、ここにもう一つの政治が立ち現れているのではないか。そう思って改めて読んでみれば、『愚管抄』は政治論として面白く読めた。要所要所を私に翻訳しながら読み進めた。こうして成ったのが本書である。なにしろ、神武の時代からの歴史を追いながら、その都度「世ノスヘナレバ」という慈円の地の文が顔をのぞかせる。保元平治の乱から承久の乱へ、変転する乱世に書かれた、これはリアルタイムの政治論なのだ。ことに保元平治の乱に関する記述は、現代風にいえば面白いドキュメントになっている。そしてそれでいて、歴史的にたどってきた慈円の政治の理想が、武者の世の到来とともにすっかりハシゴを外されてしまう。言外にこの事実が浮き彫りになる。これに比べれば、お家大事の慈円の歴史的屁理屈などは、いまとなっては御愛嬌というものだろう。

後世の者から見ると、『愚管抄』には多面的で相互に矛盾するような意見が、平気で共存している。本文でも随所に指摘したことだが、慈円は天台座主で密教の神秘的修法の大家なのに、『愚管抄』の文体には仏教色は少しも出ていない。『新古今和歌集』では西行に次ぐ数の歌が採られている大歌人なのだが、文学的な感性をうかがう個所もない。王道の道は失せたりと連呼しているが、『源氏物語』のものの哀れ、『平家物語』のような無常観など微塵もない。摂関家など今や三流四流の用済みだと認めながら、自己憐憫をもらしたりはしない。武者の世を巨害と断じながら、鎌倉の頼朝を朝家の宝だと持ち上げる。悪魔の所業だと専修念仏を非難しているが、平気で法然の世話をやいている。武者の世の到来を最初に宣告していながら、武士という新種族には何の関心も持たない。終始いうところの「世の中」、つまり政治世界のことだけが即物的文体で書かれているのに、災害や飢饉など酸鼻を極めた都の住民のことなどは、まるっきり政治の外部のことであるらしい。それでいて、ご本人は矛盾ともなんとも思っていない。面白いことである。これが中世人というものであったのかもしれない。

本書が成るに当たって平凡社の保科孝夫氏のお世話になった。末尾ながら心からお礼を申し上げたい。

二〇一六年五月六日

長崎浩

【著者】
長崎浩（ながさき ひろし）
1937年生まれ。東京大学理学部卒業。東京大学物性研究所、東北大学医学部、東京都老人総合研究所、東北文化学園大学に勤務。評論家。主な著書に『叛乱の六〇年代』（論創社）、『共同体の救済と病理』『革命の哲学』（以上、作品社）、『リアルの行方』（海鳥社）などがある。

平凡社新書８１５

乱世の政治論 愚管抄を読む

発行日――2016年6月15日 初版第1刷

著者――長崎浩

発行者――西田裕一

発行所――株式会社平凡社
東京都千代田区神田神保町3-29 〒101-0051
電話 東京（03）3230-6580［編集］
東京（03）3230-6573［営業］
振替 00180-0-29639

印刷・製本―図書印刷株式会社

装幀――菊地信義

ISBN978-4-582-85815-0
NDC 分類番号121.4 新書判（17.2cm） 総ページ224
平凡社ホームページ http://www.heibonsha.co.jp/